나는 _____
시작하려고 합_____

1

나는 _____ 분야로 개발자
커리어를 시작해 보려고 합니다.

2

나의 주 개발언어와
프레임워크는
_____ 입니다.

3

나는 _____ 방법으로
개발 공부를 시작합니다.

4

나의 포트폴리오에는
_____ 가 가장 돋보입니다.

5

나에게 첫 회사에서 제일
중요한 것은 _____ 입니다.

7

6

나는 _____ 업계에서
일하고 싶습니다.

오늘부터 개발자

오늘부터 개발자

김병욱 지음

비전공자를 위한
개발자 취업
입문 개론

</>

"개발자가 되면 회사 생활은 어떤가요?"

"개발자가 되면 만족도는 높은가요?"

"나이가 많고, 심지어 비전공자인데 가능할까요?"

현장에서 개발자로 일을 하며, 또 온라인에서 개발 관련 강의를 하며 가장 많이 듣는 질문들이다. 개발 공부를 시작하려고 주변에 물어보면 대부분 안 좋은 이야기들뿐이고, 인터넷에 검색해보면 희망을 꺾는 글들이 많다. 또 늦은 나이에 공부를 시작해서 과연 개발자가 될 수 있을지, 막상 공부를 마치고 개발자가 되었는데 현실에 적응하지 못하면 어떻게 할지 등에 대한 걱정이 많은 것도 사실이다. 나는 이런 질문에 대해 이렇게 되묻곤 한다.

"지금 당신이 하는 일이 또는 당신이 그동안 해왔던 일들이 정말 적성에 잘 맞아서 하고 있었나요?"

분명 생각해 보면 그렇지 않았던 적이 훨씬 많았을 것이다. 그래서 나는 이 책을 시작하기에 앞서 독자분들에게 꼭 전해 드리고 싶은 말씀이 있다.

"누구나 개발자가 될 수 있습니다. 물론 좋은 개발자가 되기 위해서는 적성에 잘 맞아야 할 것이고 노력도 많이 해야겠지만, 그것이 아닌 직업인으로서 개발자가 되는 것은 생각보다 그렇게 어렵지 않습니다.

현재 당신의 나이나 IQ, 적성이 어떻든 간에 방향을 잘 잡고 6개월 정도 꾸준하게 공부한다면 누구나 개발자가 될 수 있습니다. 우리가 하려는 것이 '대통령'도 아니고 '세계평화'와 같이 어려운 일을 하려는 것도 아닌 단순히 '개발자'라는 직업이기에 너무 깊게 고민할 필요가 없습니다. 내가 해보고 싶은데(심지어 내 인생인데!), 다른 사람에게서 허락이나 이유를 찾을 필요도 없습니다. 당신이 해보고자 마음먹었으면 열심히 공부해서 개발자로 새로운 인생을 살면 됩니다. 그렇기에 시작도 하기 전에 안 된다고 좌절할 필요도 없고 포기할 필요도 없습니다."

개발자의 가장 큰 장점은 내가 생각한 아이디어를 직접 만들어 이용할 수 있고, 창업이나 사이드 프로젝트를 통해 주도적으로 일을 하며 수익을 창출할 수 있다는 것이다. 그리고 일을 하면서 성장한다는 느낌을 받을 수 있으며 (때론 이게 독이 되기도 하지만) 내가 개발한 서비스로 인해 다른 누군가의 삶이 변화될 수 있다는 기쁨도 누릴 수 있다.

물론 단점도 있다. 분야마다 다르겠지만 개발은 워낙 변수가 많기 때문에 내가 개발한 프로그램이 가동되고 있다면 항상 발생할 수 있는 에러에 24시간 동안 대응해야 하고, 각각의 에러에 대해 모두 로직적으로 처리해 줘야 하다 보니 신경을 써야 할 일들이 생각보다 많다.

모든 직업이 그렇듯 개발자 역시 장점도 많고 단점도 많다. 하지만 개발자도 하나의 직업일 뿐이다. 적성에 잘 맞는다고 해서 그 일을 잘하는 것도 아니고, 적성에 맞지 않는다고 해서 그 일을 못하는 것도 아니다. 그렇기에 너무 부담감을 가질 필요도 없고, 다른 사람들의 이야기에 너무 휘둘릴 필요도 없다. 그 직업에서 나에게 느껴지는 장점이 단점보다 크다면 나에게 잘 맞는 일일 것이다. 결국 본인이 직접 현장에서 개발자로 일을 해보면서 나의 적성과 잘 맞는지 확인해 보는 것이 좋다. 현재 개발자로 일하고 있는 입장에서 봤을 때 개발자에 대한 업계의 대우, 주어진 프로젝트를 스스로 해결해 가면서 느끼는 만족도 등은 다른 직군에 비해 높다고 본다.

나는 개발자가 되어 행복한 게 아니라, 다른 업종에서 일을 하다 개발자라는 새로운 직업을 통해 '내가 원한다면 언제든 새로운 직업을 가질 수 있구나'라는 자신감을 가질 수 있게 되어 행복해졌다. 요즘 100세 인생이라고 하는데, 살아가면서 직업을 5번쯤은 바꾼다고 생각하면 이런 자신감은 정말 중요하다. 나는 단지 그중에서 하나의 직업으로 '개발자'를 택했을 뿐이다. 우리가 막연히 두려움을 느끼는 것은 그 분야를 잘 알지 못하기 때문일 확률이 높다. 막상 하고 나면 아무것도 아닌데, 시작하기 전에는 그렇게 두려움이 큰 것이다. 그래서 이 책을 통해 누군가에게는 막연하던 개발자라는 직업에 대해 알 수 있게 되고, 또 당신이 원한다면 언제든 새로운 직업을 가질 수 있다는 자신감을 가졌으면 좋겠다.

결국 본인이 해보지 않으면 아무리 장점과 단점을 이야기해 줘도 제대로 알 수 없다. 그렇기에 본인이 해보고 싶으면 직접 부딪혀 보고 스스로 판단하자. 그리고 해보기로 마음먹었으면 최선을 다해 열심히 해서 최단기간에 '개발자'라는 직업을 경험해 보기 바란다.

누군가는 개발자가 되기로 마음먹고 열심히 준비하여 3개월 만에 취업을 성공하여 개발자로 2년이라는 경력을 쌓고 있고, 또 누군가는 다양한 분야를 섭렵하는 개발자를 꿈꾸며 2년이라는 세월 동안 공부만 하고 있다면 이 두 사람의 2년 뒤 모습은 어떨까?

나는 항상 '시간이 가장 중요하다'고 강조하는 편이다. 이 책의 목적은 아주 단순하다. 개발 공부를 처음 시작하는 분들이라도 이 책을 통해 방황하는 2개월을 줄일 수 있도록 하는 것이다. 모쪼록 이 책이 독자분들의 시간을 아껴줄 수 있다면 그 역할을 다하지 않을까 생각한다.

김병욱

차
례

PART1   개발자가 되려는 이유를 확실히 정하자 ——

PART 2 개발자는 어떤 일을 하나요?

PART 3   개발자가 되려면 어떻게 해야 하나요? ─────

PART 4 개발자로 일하고 있습니다 ──────

쌀 팔다 6개월 만에 개발자가 된 ssul

개발자라는 직업을 가지기 전 나는 친구들과 함께 동대구시장에서 쌀가게를 운영했다. 비록 10평 남짓한 작은 쌀가게였지만 〈청춘정미소〉라는 우리만의 브랜드에서 '건강한 쌀을 통해 건강한 삶을 제공한다'는 비전을 가지고 젊고 트렌디한 방법으로 쌀을 팔고 있었다.

쌀을 정기적으로 구독하는 고객들이 2,000명을 넘었고, 프랜차이즈 문의도 꾸준히 들어왔다. 본격적으로 '대한민국 최초 쌀가게 프랜차이즈'를 준비하면서 나는 여러 가지 고민들에 직면했다. 일단 프랜차이즈를 운영하기 위해서는 우리 정미소를 소개할 수 있는 웹사이트(홈페이지)가 필요했고, 고객들을 체계적으로 관리할 수 있는 고객관리시스템도 필요했다.

그때부터였던 것 같다. 개발에 대한 필요성을 느끼게 되었고, 우리가 하고 있는 일에서 허점들이 보이기 시작했다. 오프라인 매장이 가지고 있는 한계를 소프트웨어 기술로 쉽게 운영하고 있는 회사들이 보였고, 그런 회사를 만들고 싶었다.

"더 많은 사람들에게 더 좋은 영향을 미치고 싶다."

뭔가 책에서 나올 법한 그럴싸한 문장이지만, 실제로 내가 삶에서 가장 중요하게 생각하는 가치 중 하나이다. 이렇게 내 삶의 큰 그림을 그리다 보니 소프트웨어 분야의 사업을 해야겠다는 생각이 들었고, 그러기 위해서는 내가 어느 정도 개발을 알아야 한다고 생각했다. 그래서 나는 '개발자'가 되고자 마음을 먹고, 청춘정미소를 유심히 지켜보던 도매업체에 운영권을 넘기고 본격적으로 개발자의 길로 뛰어들었다.

하지만 이후의 과정은 쉽지 않았다. 개발을 전공한 것도 아니었고, 스물아홉이 될 때까지 개발에 대해 한 번도 관심을 가져본 적이 없었기에 무엇부터 시작해야 할지 전혀 알지 못했다. IT 학원의 홈페이지에 들어가 보니 컴퓨터 사이언스, Java, Python, Javascript 등의 강좌가 있었는데, 뭐가 뭔지 하나도 알 수 없었다. 그때의 막막함은 사실 다시 생각하고 싶지 않을 정도다. 여기서 보거나 들은 내용이 다른 곳에서는 또 다르게 이야기하고 있었다. 아무것도 모르던 나는 그저 여기저기 기웃거리기만 하면서 시간을 낭비하고 있었고, 모아 두었던 돈은 생각보다 오래가지 않았다.

더 이상 시간을 낭비할 수 없어 하루 종일 공부에 전념할 수 있는 곳 위주로 알아보았다. 부트캠프라는 학원에서 오전 10시부터 저녁 10시까지 하루 12시간씩 공부할 수 있는 교육과정을 운영하고 있었다. 열심히 할 자신이 있었던 나에게는 정말 좋은 환경이었다. 왜냐하면 그때의 나에게 필요한 것은 '방향성'이었기 때문이다. 어떤 방향으로 가면 좋을지 몰라 이것 조금 저것 조금씩 하면서 무의미하게 시간을 보내던 당시, 이곳에서는 체계적인 커리큘럼을 통해 매일매일 집중적으로 가르치고 있었다.

나는 이곳에서 Python과 Django, 그리고 컴퓨터 사이언스 등을 배울 수 있었다. 하지만 수업보다도 내가 여기서 도움을 받았던 것은 온전히 집중할 수 있는 교육환경이었다. 같은 처지에서 공부를 하는 친구들과 언제든 열려있는 교실에서 오로지 공부에만 전념할 수 있었다.

하루 12시간 이상 개발 공부에 집중하다 보니 생각보다 취업의 기회가 빨리 찾아왔다. 학원 커리큘럼과는 별도로 나는 공부했던 과정들을 정리하여 나만의 포트폴리오를 만들어 두었고, 내가 가고 싶었던 회사들을 미리 골라두고 이력서를 제출했다. 그리고 면접 기회가 오면 열심히 준비했고, 결국 취업에 성공했다.

그렇게 나는 개발자가 되기로 마음먹고 공부를 시작한 지 6개월 만에 개발자로 첫 출근을 할 수 있었다. 부족한 나를 뽑아준 회사에 너무나도 감사했고, 개발자로 일할 수 있음에 더더욱 감사했다.

이제 어느덧 개발자라는 직업을 가진 지 2년이라는 시간이 훌쩍 지나갔다. 지금 나에게 '개발자의 삶에 100% 만족하냐'고 물으면 그렇다고 쉽게 대답을 할 수는 없을 것 같다. 하지만 '대체로 만족하냐'고 물으면 그렇다고 대답할 것이다. 내가 간절히 원해서 시작했고, 개발은 내가 가고자 하는 큰 길을 만드는 하나의 도구이자 수단이기 때문에 나는 '개발자'라는 직업을 즐기고 있다.

그리고 현장에서 경력이 조금씩 쌓이며 내가 할 수 있는 일들이 많아지면서 내가 개발자로서 회사에 일조하고 있다는 것이 너무나 행복하다. 게다가 나는 회사 업무 외에도 2가지의 서비스를 개발해 운영하고 있고, 지금은 그중 하나로 창업을 준비 중에 있다. 이렇게 나는 처음 개발을 시작하면서 목표로 했던 소프트웨어 분야의 사업에 조금씩 다가서고 있다. 개발자가 아니었던 시기에는 생각으로만 그치던 아이디어들을 내가 직접 개발을 할 수 있게 되면서 한 걸음씩 더 앞으로 전진할 수 있게 된 것이다.

한 커뮤니티에 지금까지의 내 스토리를 올린 적이 있었는데,

이런 댓글이 달렸다.

"쌀가게 프랜차이즈^^ 잘 가다가 엉뚱한 길로 빠지셨군요."

개발자들이 사용하는 커뮤니티이기 때문에 아마 한 개발자가 비꼬면서(?) 단 댓글일 것이다. 하지만 나는 내가 지금까지 잘해내고 있다고 생각한다. 지금은 하나의 점처럼 보이지만 나중에는 연결되리라 믿고, 지금 개발자로 일하고 있는 것이 앞으로 내가 새로운 사업에 도전할 때는 새로운 시작점이 되면서 더 큰 임팩트를 낼 수 있을 것이라고 믿는다.

나는 무조건적으로 개발을 사랑하거나 좋아하지는 않는다. 그래서 나는 프로젝트를 시작할 때 바로 개발에 들어가기보다는 가급적 개발 없이 테스트할 수 있도록 과정을 설계하는 편이다. 그리고 이 과정을 거친 후 꼭 필요하다고 생각될 때 비로소 개발을 시작한다. 개발은 나에게 어떤 문제를 해결하기 위한, 혹은 서비스를 좀 더 쉽게 제공하기 위한 수단일 뿐이기 때문이다.

오늘도 나는 개발을 통해 내 꿈에 한 발짝 더 다가가고 있다. 여러분도 개발자를 꿈꾸고 있다면 지금 당장 도전해 보자.

PART 1
개발자가 되려는 이유를
확실히 정하자

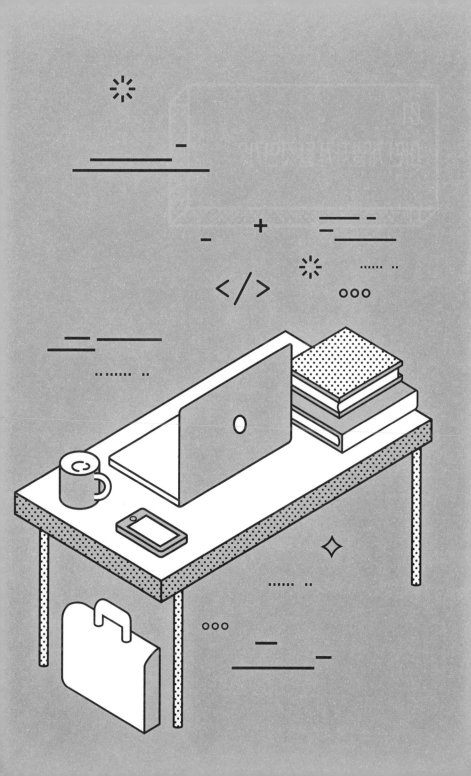

01
어떤 개발자가 될 것인가?

개발자는 어디에서,
무슨 일을 하나요?

우리는 영화나 드라마를 통해 개발자(프로그래머)라는 직업에 대해 너무 멋진 환상을 가지고 있다. 나 역시도 처음에는 그랬다. 밤을 세워 프로그램 하나를 뚝딱 만들어 내는 개발자가 너무 멋있어 보였다. 하지만 사실 프로그램 하나를 만들 때 한 명의 개발자가 모든 것을 하는 것은 아니다.

그럼, 우리가 이용하는 프로그램(서비스)은 어떻게 만들어질까? 지금부터 나는 개발자들이 무슨 일을 어떻게 하고 있는지 그 이야기를 먼저 해보려고 한다. 우선 우리가 자주 이용하는 쇼핑몰을 예로 들어보자.

개발자는 유용한 서비스를
만드는 사람들

──────────── 고객은 물건을 구매하기 위해 쇼핑
몰에 접속한다. 회원가입을 하고, 마음에 드는 물건을 하나하나
골라 장바구니에 담는다. 쇼핑을 마치면 결제 창으로 넘어가 주
소를 입력하고 쿠폰과 적립금 등을 사용해 결제를 한다. 그러면
며칠 뒤 구매한 물건이 집으로 배송된다. 그리고 물건에 이상이
없으면 구매확정을 한 후 후기를 남기기도 하고, 사이즈가 맞지
않거나 기대와 다르면 반품할 수도 있다.

이처럼 일반 고객이 물건을 구매하고 배송을 받기까지의 행동
은 이러한 패턴이 전부일 수 있다. 하지만 쇼핑몰 안에서 돌아가
는 프로그램은 그렇게 간단하지 않다.

일단 고객들에게 보여지는 쇼핑몰 페이지는 메인 페이지부터
카테고리 페이지, 제품 상세 페이지, 장바구니 페이지, 결제 페이
지 등 여러 개의 페이지들로 구성된다. 개발자는 쇼핑몰을 구성
하는 이러한 모든 페이지를 만들어야 하고, 또 고객이 입력한 각
각의 데이터를 데이터베이스에 저장해야 한다. 고객이 어떤 물건
을 장바구니에 담았는지, 그중 어떤 물건을 주문했는지, 사무실
이나 집 등 어느 주소로 배송을 요청했는지, 얼마만큼의 적립금
을 사용했는지, 어떤 쿠폰을 사용했는지 등 하나도 빠뜨리면 안

된다. 그리고 이것을 단순히 저장만 시키는 것이 아니라, 실제 해당 고객의 쿠폰을 사용처리하고, 적립금을 쓴 만큼 삭제하고, 해당 주소지로 주문한 물품을 배송 처리해야 한다

운이 좋아 여기서 끝이 나면 굉장히 일반적인 케이스이지만 혹시라도 고객이 받은 물건 중 하나를 반품하고자 한다면 상황이 복잡해진다. 총 3개의 상품을 구매하면서 2개의 쿠폰을 사용했는데, 그중 1개의 상품을 반품한다면 어떤 쿠폰을 취소처리해야 할까? 구매하면서 적립된 적립금은 어떻게 차감해야 할까? 반품을 한 번만 하면 그나마 다행이지만, 한 번의 반품 이후에 남은 나머지 상품들을 다시 반품하거나 또는 그중 하나의 상품은 교환하고자 한다면 어떻게 처리해야 할까? 반품받은 상품에 대한 환불은 어느 시점에 되어야 할까? 반품 배송비는 어떻게 처리해야 할까?

이처럼 고객의 소비형태는 단순해 보이지만 막상 경우의 수를 계산해 보면 너무나도 다양하게 나온다. 그런데 프로그램은 개발자가 짜놓은 대로만 진행하기 때문에(이제는 스스로 학습하기도 하지만 일반적으로) 이 모든 경우의 수에 대해 개발자가 사전에 프로그래밍을 해두어야 한다. 즉, 고객이 너무나도 당연하게 진행했던 구매, 부분 반품, 반품, 취소, 부분 취소 등의 상황들이 사실은 보이지 않는 곳에서 수많은 로직처리들이 필요한 것들이다.

다양한 개발분야

─────────────── 상품 하나를 주문하는 데도 이처럼 다양한 변수들이 존재하기 때문에 웬만한 프로그램의 개발은 혼자서 진행하기 어렵다. 그래서 개발분야가 다양하게 존재한다.

먼저 고객이 물건을 주문하기 위해 마주했던 모든 화면들을 클라이언트client단(고객이 보는 화면)이라고 하고, 이것을 개발하는 개발자를 '프론트엔드 개발자'라고 부른다.

그리고 고객에게 보이지는 않지만 적립금, 쿠폰 처리 등 뒤에서 일어나고 있는 로직처리들은 서버에서 처리하는데, 이것을 개발하는 개발자를 '백엔드 개발자'라고 부른다. 여기에 서비스가 잘 돌아가도록 인프라 전반을 개발하는 '데브옵스 개발자'와 데이터를 전문적으로 다루는 '데이터 사이언티스트'라는 직군도 있다. 다음 장에서 하나씩 자세히 살펴볼 것이다.

- **프론트엔드** : 우리가 이용하는 앱(또는 웹페이지)의 앞부분을 만드는 개발자
- **백엔드** : 우리가 이용하는 앱(또는 웹페이지)의 보이지 않는 뒷부분 로직을 만드는 개발자
- **데브옵스** : 서비스가 안정적으로 돌아가도록 전체적인 인프라를 만들고 관리하는 개발자
- **데이터 사이언티스트** : 쌓여진 데이터를 활용가능한 데이터로 바꾸는 개발자

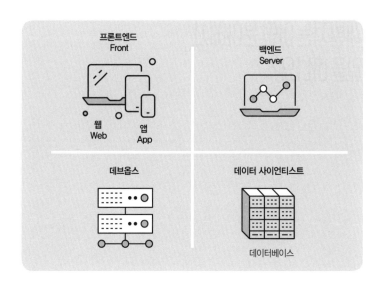

개발자는 어떤 분야에서
일을 하나요?

서비스의 개발은 크게 프론트엔드와 백엔드로 나눌 수 있는데, 우리가 자주 접하는 회원가입 페이지의 예를 들어 개발자들이 어떤 일을 하는지 알아보자.

다음 그림과 같은 회원가입 페이지를 만들기 위해서는 무엇부터 해야 할까? 일단 눈에 보이는 내용들을 하나씩 만들어야 한다. 입력 창도 만들어야 할 것이고, 깔끔하게 보이도록 디자인도 입혀줘야 한다. 이런 과정들을 통해 일단 웹브라우저에서 다음과 같은 화면이 보일 수 있도록 만들어야 한다(나중에 설명하겠지만 이러한 페이지는 HTML과 CSS를 활용해 만든다).

여기서 끝이 아니다. 이제 이 페이지를 통해 수집한 회원의 정보를 저장하는 과정을 거쳐야 한다. 회원이 입력한 정보를 어딘가에 보내서 ID가 기존 회원과 겹치지 않는지, 비밀번호 중복값은 제대로 입력되었는지, 이름에 띄어쓰기가 들어있지는 않은지 등 회원이 입력한 정보들이 모두 문제가 없을 경우 이를 데이터베이스에 저장한다. 이러한 모든 과정이 에러 없이 마무리되어야 진정한 회원가입 페이지 하나가 만들어지는 것이다.

그럼 이제 프론트엔드와 백엔드에 대해 눈치를 챘을 것이다. 우리 눈에 보이는 화면을 하나하나 만들어 내는 것이 프론트엔드이고, 사용자의 눈에는 보이지 않지만 ID 중복확인 등 뒷단(서버)에서 일어나는 일들을 처리하는 것이 백엔드에서 하는 일이다.

프론트엔드 개발자

──────────── 앞에서 설명한 것처럼 우리가 사용하는 웹/앱 페이지의 화면을 만드는 개발자를 '프론트엔드 개발자'라고 한다. 이때 우리가 만드는 서비스는 웹일 수도 있고 앱일 수도 있다. 그래서 프론트엔드 개발자를 웹 프론트엔드 개발자, 앱 프론트엔드 개발자로 나누기도 한다. 크롬, 사파리, 익스플로러 등의 웹브라우저에서 사이트(홈페이지)에 접속했을 때 보여지는 모든 화면을 만드는 개발자를 '웹 프론트엔드 개발자'라고 부르고, 우리가 스마트기기에서 이용하는 앱 서비스의 화면을 만드는 개발자를 '앱 프론트엔드 개발자'라고 부른다.

다시 한번 정리해 보면, 프론트엔드 개발자는 우리 client가 사용하는 웹 또는 앱 사이트의 앞부분 front 을 만드는 개발자이며, 고객과 바로 앞에서 마주하는 부분을 만드는 개발자라고 보면 된다.

백엔드 개발자

──────────── 홈페이지에서 회원가입을 하면 해당 회원의 ID가 기존 회원과 중복되지 않았는지를 먼저 확인해야 한다. 이를 위해 전체 고객의 정보가 담겨 있는 데이터베이스에 저장된 ID를 바탕으로 같은 ID가 없는지 확인해야 한다. 비밀번호

와 비밀번호 재확인 내용이 같은지도 확인을 해야 한다(이 부분은 회사에 따라 프론트엔드 개발자가 하기도 한다). 그리고 혹시 이름에 띄어쓰기를 한 사람은 없는지, 특수문자를 넣은 사람은 없는지, 태어난 연도를 넣는 곳에 이상한 연도를 넣지는 않았는지, 이메일을 입력하는 란에 이메일의 형태는 잘 갖추어져 있는지, 그리고 휴대전화의 인증번호는 올바른지 등 이런 것들이 모두 맞을 경우에만 해당 회원의 회원가입이 진행된다.

이런 것들에 대한 처리는 모두 '서버'라는 컴퓨터에서 이루어지는데, 이러한 서버의 로직을 개발하는 사람을 '백엔드 개발자'라고 한다. 백엔드 개발자는 프론트엔드에서 보내주는 자료들을 처리하는 로직을 개발함과 동시에 어떤 데이터들을 저장할지 등의 데이터베이스 설계까지 담당한다.

여기에서는 간단하게 회원가입에 대해 예를 들었지만, 앞에서 쇼핑몰의 구매와 반품에 대한 예에서 보았듯이 백엔드 개발자는 웹 또는 앱 페이지 안에서 일어날 수 있는 굉장히 다양한 케이스들을 모두 고려하여 로직을 처리해야 한다.

데브옵스 개발자

───────────── 우리가 간단한 쇼핑몰을 하나 만들었다고 생각해 보자. 고객들은 우리 쇼핑몰(프론트엔드)에서 상품을 사고 상품을 배송 받는다(백엔드에서 처리). 보통 고객이 주문을 하면 주문과 동시에 주문 요청이 서버로 가는데, 서버 컴퓨터는 해당 요청들이 들어오는 순서대로 하나씩 처리해 고객의 화면에 응답을 보내주게 된다. 이때 간단한 요청이라면 빠르게 응답이 가겠지만, 고객의 새로운 요구사항이 추가될 때마다 어느 정도 시간이 걸리게 된다. 우리가 쇼핑몰을 이용할 때 가끔 보이는 로딩바가 바로 서버에서 응답이 오기 전에 보여지는 과정이라고 생각하면 된다. 따라서 개발자는 고객의 쇼핑이 불편하지 않도록 프론트엔드와 백엔드가 유기적으로 원활하게 연결되도록 쇼핑몰을 만들어야 한다.

그런데 만약 우리 쇼핑몰이 대박이 나서 100명의 고객이 동시에 접속해 한꺼번에 물건을 구매한다면 어떻게 될까?(굉장히 많은 숫자인 것 같지만, 아마존과 쿠팡 같은 회사에서는 동시에 수천 수만 건의 구매가 일어난다) 이때 1대의 서버에서 첫 번째 주문부터 처리하여 보내주고, 이어서 두 번째 주문을 처리해 보내주고 하다 보면 아마도 100번째 구매한 고객은 무한정 로딩 바만 보게 될 것이다. 이러한 상황을 해결하기 위해 가장 간단한 방법은 서버의 수를 늘리는 것이다.

즉, 고객들이 보낸 요청들을 처리할 수 있는 서버 컴퓨터를 2대로 늘리면 1대로 처리할 때보다 2배 빨라질 것이고 10대로 늘리면 10배 빨라질 것이다.

하지만 서버를 늘리는 것은 막대한 비용이 필요하기 때문에 단순히 서버의 숫자를 늘리는 것이 아니라 고객의 증가에 따라 자동적으로 여러 서버에 분산되도록 하여 하나의 서버에만 너무 많은 요청이 몰려 다운되는 일이 없도록 하는 등 서비스가 안정적으로 돌아가도록 하는 역할이 필요하다. 이렇게 개발development과 운영operation을 연계하여 다양한 기능들을 설계하고 만드는 개발자를 '데브옵스 DevOps 개발자' 또는 '인프라 개발자'라고 부른다. 이때 데브옵스 개발자와 인프라 개발자는 깊게 들어가면 엄연히 다르지만, 데브옵스 개발자가 인프라 개발자를 포괄하는 개념이라고 보면 된다.

Interview
4년 차 데브옵스 개발자에게 물었습니다.

Q1 데브옵스 개발자와 인프라 개발자는 다른 개념인가요? 데브옵스 개발자가 하는 일은 어떤 것인가요?

A 보통 인프라 개발자는 서비스 개발과는 관련없이 운영 업무만을 담당합니다. 시스템을 배포·운영하며 장애를 탐지하고 알림을 주는 역할을 담당하며, 프로그램의 에러를 직접적으로 고치지는 않습니다. 하지만 이렇게 서비스 개발자와 역할을 분리하다 보니 운영과 개발의 괴리를 가져오게 되어 빠른 개발과 배포의 과정에서 걸림돌이 되었습니다. 이런 단점을 보완하기 위해 개발과 운영을 하나의 주체가 책임지는 데브옵스 문화가 생겨났습니다. 즉, 데브옵스 개발자는 기존에 인프라 개발자가 하던 일들을(서버 스케일 인, 아웃, 배포 등) 모두 자동화시켜, 개발자 스스로 운영할 수 있는 환경을 만들어 주는 역할을 합니다. 이를 통해 안정적이면서도 빠른 배포를 할 수 있어 프론트엔드와 백엔드 개발자들이 개발에 집중할 수 있는 환경을 만들고 있습니다.

Q2 데브옵스 개발자의 전망은 어떤가요?

A 요즘은 소비자의 니즈가 너무나도 빠르게 변하고 있습니다. 회사 역시 소비자들의 이런 빠른 트렌드의 변화에 맞춰 더 다양한 시도를 하기 위해 노력하고 있습니다. 이에 따라 동일한 시간 안에서 개발

주기를 단축하여 결과물을 빠르게 배포하고 운영해야 할 필요성을 느끼고 있습니다. 이를 위해 개발조직에 데브옵스 문화가 속속 자리를 잡아가고 있으며, 현재 많은 회사들이 이를 도입하고 있습니다. 이런 상황이다 보니 데브옵스 개발자의 수요는 앞으로도 계속 증가할 것으로 예상합니다.

Q3 데브옵스 개발자가 되려면 어떻게 해야 하나요?

A   개발과 인프라 두 가지 모두의 경험이 있는 것이 가장 좋습니다. 하지만 처음부터 이런 커리어를 쌓기란 쉽지 않으므로 개발자로서 경력을 충분히 쌓은 후 IT 운영관리 및 시스템 운영에 대해 꾸준하게 공부하는 습관을 가질 필요가 있습니다.

데이터 사이언티스트

──────────── 데이터 사이언티스트는 요즘 굉장히 핫한 분야인데, 예전부터 쌓아온 데이터가 이제는 거대한 빅데이터를 형성하고 있기 때문에 이를 활용하는 방법이 점점 더 중요해지고 있다.

보통 백엔드 개발자의 역할은 데이터베이스에 어떤 데이터를 쌓을지 설계하고, 데이터를 쌓는 것까지 진행한다(최근 들어서는 이 부분을 데이터 사이언티스트가 직접 처리하는 회사들이 늘고 있다). 그렇다면 이렇게 쌓인 데이터들로 무엇을 할 수 있을까? 간단히 예를 들어보자.

쇼핑몰에서 일하는 마케터가 전체 고객들을 대상으로 쿠폰을 증정하여 매출을 올리고자 한다. 그렇다면 어느 시간대에 쿠폰을 발급하고 알림을 주는 것이 좋을까? 누군가는 아침 일찍 출근길에 활력을 줄 수 있도록 출근시간에 주자고 하고, 누군가는 점심시간이 약간 지난 오후 2시쯤에 알림을 주면 졸음도 깨고 주의도 환기할 수 있을 것 같다고 하고, 누군가는 저녁 퇴근길에 스마트폰을 많이 이용하니 퇴근시간에 주자고 하고, 또 누군가는 본인은 잠자기 직전에 쇼핑을 제일 많이 한다며 밤 10시에 주자고 한다. 물론 여기에 정답은 없다. 하지만 이렇게 유추해 볼 수는 있을 것이다. 우리 쇼핑몰에서 구매가 가장 많은 시간대를 측정하여 해당 시간대에 쿠폰을 발급해 주는 것이다. 이 경우 판매하는

구매일시	구매품목	구매옵션	구매수량	구매자
2021.11.12. 18:23:00	와이셔츠	XL	1	김○○
2021.11.12. 18:23:00	블랙진	32	1	남○○
2021.11.12. 19:20:00	카라셔츠	XL	1	김○○
2021.11.12. 19:25:00	롱코드	XL	1	박○○
2021.11.12. 20:00:10	와이드바지	L	1	이○○
2021.11.12. 20:18:00	흰티	L	1	김○○
2021.11.12. 20:51:00	반팔티	XL	1	금○○
2021.11.12. 21:02:00	구두	270	1	박○○

품목에 따라 판매량이 제각각 다르기 때문에 전체 건수로 통계를 내보는 것이 좋다. 그래서 마케팅팀은 데이터팀에 '현재 우리 쇼핑몰의 각 시간대별 구매건수에 대해 한 달 평균을 구해 주세요' 라고 요청한다.

그리고 데이터를 토대로 원하는 형태로 정리하여 시간대별 판매량을 조사하면 된다.

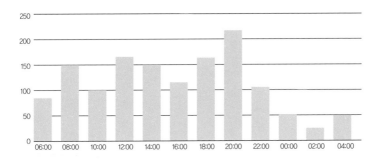

이처럼 감으로 대충 결정을 내리는 것이 아니라 한 달 동안의 시간대별 평균 구매건수 데이터에 기반해 가장 많은 구매가 발생한 시간에 맞춰 쿠폰 발행시간을 합리적으로 구하는 것이다(물론 단순히 구매건수만이 아니라 다른 여러 종합적인 데이터를 바탕으로 판단할 수도 있다). 이때 기존에 쌓여진 데이터를 정제하여 활용가능한 의미있는 데이터로 만드는 역할을 하는 개발자가 바로 '데이터 사이언티스트' 이다.

Interview
4년 차 데이터 사이언티스트에게 물었습니다.

Q1 데이터 사이언티스트는 어떤 일을 하나요?

A 데이터 사이언티스트는 실타래처럼 복잡하게 꼬인 일을 데이터로 풀어나가는 사람이라고 보면 돼요. 수많은 데이터의 파편 속에서 어떠한 데이터를, 어떻게 수집하고, 어떻게 전처리하고, 어떻게 활용할지 늘 고민하면서 다양한 일을 하고 있습니다. 여기서 다양한 일이란 크게 세 종류가 있는데, 이러한 역량을 골고루 조화롭게 갖춘 사람을 데이터 사이언티스트라고 부릅니다.

- 개발 : 데이터 엔지니어(데이터 파이프라인 작업)
- 분석 : 데이터 분석가(통계적 분석)
- 머신러닝 : 데이터 학습(유의미한 모델 추출)

스타트업처럼 작은 회사의 경우는 이러한 역할을 한 사람이 하는 경우가 대부분이고, 회사의 규모가 커질수록 업무가 세분화되요. 현재 저희 회사에서는 각기 다른 직군(데이터 엔지니어, 데이터 분석가, 머신러닝 엔지니어)이 협업하면서 일하고 있어요.

Q2 데이터 사이언티스트의 전망은 어떤가요?

A 데이터와 관련된 직군의 전망은 꽤 좋은 편입니다. 하지만 데이터의 중요성에 비해 데이터와 관련된 직군은 아직 많지 않아요. 그래서

장밋빛 미래를 꿈꾸며 많은 분들이 데이터 직군으로 옮기려고 하는
데(공급이 많은 편). 그에 비해 수요는 아직 적은 상태라 다른 직군
에 비해 초기 진입이 쉽지는 않습니다. 그리고 해야 할 공부의 양도
무척이나 많습니다.

Q3 **데이터 사이언티스트가 되려면 어떻게 해야 하나요?**

A   통계학, 컴퓨터공학, 산업공학 등 관련된 전공을 수료하는 게 가장
빠른 길이에요. 그리고 대기업 계열로 가고 싶다면 서포카(서울대,
포항공대, 카이스트) 대학원을 추천합니다.

만약에 비전공자라면 부트캠프의 데이터 사이언티스트 과정을 수
료하는 것이 방법이 될 수는 있으나, 생각보다 공부의 양이 많고 취
업이 쉽지는 않습니다(중간에 지쳐서 포기하는 분들을 많이 봤습니
다). 해당 직무는 생각보다 전공과 학력을 많이 봅니다. 실력으로 인
정받을 수도 있겠지만, 그건 경력직에 해당합니다. 그렇다 보니 실
력을 보여줄 수 있는 기회가 신입에게는 거의 없습니다. 하지만 그
걸 이룬 사람들도 있으니 어렵다는 것이지 불가능하다는 것은 아닙
니다. 따라서 방향을 잘 잡아 집중하여 공부하고, 작은 회사라도 취
업의 기회가 생기면 입사해 경력을 쌓은 후 나중에 더 좋은 곳으로
이직하는 것을 추천드립니다.

02
개발자는 정말 유망한 직업일까?

편리함을 위해서는
개발자가 필요하다

요즘 직장인들의 하루 일과를 살펴보자.

아침에 일어나면 어젯밤에 주문했던 먹거리들이 현관 앞에 배송되어 있다. 유튜브로 음악을 들으며 간단하게 아침을 준비한다. 준비된 음식의 사진을 찍으면 내가 지금 먹는 칼로리가 계산된다. 아침식사를 마치고 노트북을 켠다. 요즘은 재택근무가 일반화되어 집에서 근무를 하는 경우가 많다. 지정해 놓은 시간이 되면 영양제를 먹으라고 알람이 온다. 영양제는 일정 시기마다 정기배송된다.

집안에 쓰지 않는 물건은 우리 동네에 있는 사람들과 만나 직거래를 하고, 세탁이 필요한 옷들은 문 앞에 걸어 놓기만 하면 세

탁 대행업체에서 수거한 후 깨끗하게 세탁해서 가져온다. 집안 청소가 필요할 때는 청소 대행 앱에 신청하면 되고, 내가 잘 모르는 분야의 문제를 만났을 때는 엑스퍼트 앱을 통해 전문가의 도움을 손쉽게 받을 수 있다. 필요한 책은 아침에 주문하면 저녁에 도착한다. 당장 필요한 책은 전자책을 구매하면 그 자리에서 바로 읽을 수 있다.

음식과 간단한 생필품은 언제든 앱에서 주문할 수 있고, 결제에서 배달까지 30분이면 충분하다. 일주일마다 새로운 꽃들이 정기배송되어 오고, 취미생활 역시 모든 준비물을 갖춘 취미박스가 정기적으로 배송이 온다. 더 이상 밖으로 나갈 필요 없이 모든 것들을 집안에서 스마트폰 하나로 할 수 있다.

편리함의 뒤에는
개발자가 있다

지금 누리고 있는 이 모든 편리한 생활은 불과 2~3년 전만 하더라도 대부분 밖으로 이동해 직접 구매하거나 맡겨야 했지만, 세상이 너무도 빠르게 변했다. 그리고 이런 편리한 생활을 가능하게 해준 것은 무엇보다 스마트폰의 앱 서비스 덕분이다. IT의 발전으로 인해 우리는 집에서 손가락 하나로 모든 것들을 할 수 있게 된 것이다.

이처럼 세상을 편리하게 만드는 아이디어들은 무궁무진하다. 그런데 이런 아이디어들이 현실이 되기 위해서는 편리한 서비스를 구체화하여 만들고, 운영하고, 유지보수해야 한다. 그리고 여기에는 반드시 개발자가 필요하다. 앞으로의 일상은 지금보다 더 편해질 것이다. 이 말은 더 진화된 아이디어를 통해 더 편리한 서비스가 생겨날 것이고, 그렇기 때문에 개발자들의 수요는 더 많아질 것이다.

항상 은행을 방문해야만 했던 금융 업무조차도 폰뱅킹, 인터넷뱅킹을 넘어 이제는 스마트폰으로 손쉽게 이용이 가능해졌듯이 모든 산업이 점점 IT의 세상 속으로 들어오고 있다. 이에 따라 IT 업종이 아닌 회사들도 IT를 통해 생산성을 높이고 홈페이지를 꾸미며 고객들에게 한 걸음 더 다가서기 위해 노력하고 있다. 그러다 보니 외주용역을 맡기던 개발 업무를 이제는 자체 개발팀을 꾸려 운영하고 있다. 이렇게 너도나도 개발팀을 꾸리다 보니 실력 있는 개발자들을 필요로 하게 되었고, 이미 검증받은 경력개발자들에게 높은 연봉을 제시하며 모셔가고 있다. 또한 기존 회사들도 그동안 키워놓은 개발자들을 뺏기지 않기 위해 개발자의 몸값을 올리게 되면서 개발자들의 연봉도 점점 높아지고 있다.

국내 주요 IT분야의 인력 부족 전망 및 직원 대우 개선책

국내 주요 IT분야 인력 부족 전망

- 2020년: 4,967명
- 2021년: 9,453명
- 2022년: 14,514명

주요 IT기업의 직원 대우 개선책	
네이버	매년 전 직원에게 1,000만원 상당의 스톡옵션 제공
카카오	전 임직원에게 상여금으로 자사주 10주씩 지급
넥슨, 넷마블, 컴투스, 게임빌	전 직원 연봉 800만원씩 인상

출처 : 한국소프트웨어정책연구소, 2021년 2월 언론 자료

국책연구기관인 한국소프트웨어정책연구소에 따르면 2021년 IT분야의 인력 부족 규모는 9,453명으로 추정하고 있으며, 2022년에는 1만 명이 넘을 것이라고 예측하고 있다. 이뿐만 아니라 최근에는 대부분의 회사들이 IT를 기반으로 새로운 사업을 준비하다 보니 개발자의 인력난은 더욱 심해질 것으로 예상된다.

회사는 항상 개발자가 부족하다

새로운 아이템에 대한 초기 서비스를 런칭할 때는 대부분 꼭 필요한 기능만 가지고 오픈을 하게 된다. 당장에 투입할 리소스(인력과 자금 등)가 부족하기도 하지만 고객들이 무엇을 원하는지, 이 서비스가 잘 운영될지 모르기 때문이다. 그래서 최소한의 인력만을 투입하여 가장 기본적인 기능만 가지고 서비스를 오픈한다. 이렇게 오픈한 서비스의 대부분은 성공하지 못하지만 그중 몇몇은 고객들의 입소문을 타며 점점 사용자가 늘어나게 된다. 그리고 새로운 고객들의 요구에 따라 새로운 기능들이 더 필요하게 되고, 기존에 만들었던 기능들 역시 점점 더 고도화를 해나가게 된다. 처음에는 성능이 그렇게 중요하지 않았지만, 이용자가 많아지면 점점 성능을 개선해 새롭게 구현해야 하고, 한두 명으로 시작한 개발 작업에 개발자가 더 필요하게 된다.

그리고 개발이라는 것이 한 번에 딱 만들고 나면 끝나는 것이 아니어서 서비스가 잘되면 잘될수록 큰 규모의 프로그램을 돌려본 경험을 가진 실력 있는 개발자를 필요로 한다. 하지만 이런 실력 있는 개발자가 우리 회사에 들어오려고 항상 대기하고 있는 것도 아니고, 이런 개발자는 이미 기존 회사에서도 핵심인재로 관리받고 있다. 즉, 당장 개발자가 필요하다고 해서 바로 뽑을 수 있는 것이 아니라는 것이다. 그렇다 보니 대부분의 회사에서는 상시모집의 방식으로 개발자를 채용하고 있다. 과거 상반기, 하반기 취업시즌에만 도전할 수 있었던 취업시장이 본인의 실력만 있으면 언제든지 취업을 할 수 있게 된 것이다.

신입개발자는 많지만
경력개발자는 적다

———————— 이처럼 개발자에 대한 수요가 많아지면서 많은 사람들이 개발자로 취업하는 것에 관심을 가지게 되었다. 또 언론에서 개발자의 부족, 높은 연봉과 자유로운 근무환경 등 긍정적인 면을 많이 부각시킨 점도 한몫하고 있다. 게다가

국비지원 학원부터 부트캠프, 온라인 강의 등 개발을 배울 수 있는 곳들도 다양해지면서 개발자에 도전하는 사람들이 늘고 있다.

하지만 현실적으로 회사에서 원하는 개발자는 경력이 있는 개발자들이다. 처음 프로젝트를 시작할 때는 한두 명의 개발자가 많은 것들을 설계해야 하기 때문에 어느 정도 경력이 있는 개발자가 필요하며, 서비스가 어느 정도 커지게 되면 운영 및 유지보수 등을 경험해 본 경력 있는 개발자가 필요하다.

결국 회사에서 개발자를 지속적으로 찾는다는 것은 신입개발자보다는 경력 있는 개발자인 경우가 대부분이다. 그만큼 신입개발자들이 취업하기는 쉽지 않은 것이 현실이다. 그렇지만 항상 개발자가 부족하다 보니 신입개발자들에게도 기회가 없지는 않다. 평소 공부를 꾸준히 하며 포트폴리오를 잘 준비해 두면 인턴이나 신입개발자 모집에 도전할 수 있다. 특히 신입개발자의 경우 대기업만 고집하지 말고 눈높이를 낮추어 10명 정도 규모의 개발팀이 있는 스타트업에 들어가 개발 기초부터 시작해 사수의 도움을 받아 성장하는 방법도 고려해야 한다. 이렇게 작은 규모라도 개발자로 취업해 경력을 쌓을 수 있으면 그만큼 본인에게 선택권이 많아지는 것도 이쪽 개발자들의 세상이다. 즉, 개발자로 잘 버티며 지속적으로 성장할 수 있다면 개발자라는 직업은 다른 직군에 비해 상대적으로 많은 선택지를 가져다 줄 수 있다.

내가 원하는 서비스를
스스로 구현할 수 있다

살다 보면 누구에게나 좋은 사업 아이템이 하나쯤은 떠오를 수 있다. 그리고 그 아이디어가 내 운명을 바꿔줄 수도 있다. 하지만 대부분은 실행조차 하지 못한다. 그 이유는 아이디어를 현실화해야 하는데, 그 방법을 찾지 못했기 때문일 것이다. 내가 생각한 사업 아이템을 실제로 구현하기 위해서는 직접 개발을 하거나 외주를 맡기거나 직원을 채용하는 등 크게 세 가지의 선택지가 있다.

이때 본인이 개발자가 아니라면 외주용역을 맡기거나 직원을 뽑아야 하는데 이 두 가지의 선택지 역시 모두 만만치 않다.

사업 아이템을 현실화하는 방법

직접 개발을
해서 만든다.

외부 개발자에게
의뢰하여 만든다.
(외주용역)

회사를 차리고
직원을 뽑아
개발팀을 꾸린다.

외주용역과

개발팀 운영의 장단점

─────────── 외주용역을 진행하게 되면 계약을 통해 정해진 계약기간 내에 개발을 완료할 수 있다는 장점이 있지만, 개발비의 부담이 크고 개발 중간중간 스펙을 변경하거나 개발 이후에 이어지는 유지보수가 어렵다는 단점이 있다.

그러다 보니 최근에는 회사에서 직접 개발팀을 꾸려 개발을 하는 곳들이 늘고 있다. 하지만 사내 개발팀을 꾸리는 것 역시 쉬운 일은 아니다. 개발자가 없던 회사에서 처음 개발자를 뽑는 경우 신입개발자보다는 가급적 경력개발자를 찾는 것이 일반적인데, 웬만큼 연봉과 복지가 좋지 않다면 현재 잘 다니고 있는 직장을 포기하고 지금 막 새로 꾸리는 곳으로 옮겨갈 경력개발자는 많지 않다. 특히 기존 IT회사들의 경우 이미 연봉 등 근로조건이 충분히 좋아졌기 때문에 군이 불안정한 회사로 이직할 이유가 없어졌다. 그러니 더더욱 작은 회사에서 경력개발자를 구해 안정적으로 개발을 완성하는 것은 쉽지 않다. 게다가 어렵게 뽑은 개발자가 2~3개월 일하다 갑자기 그만둔다고 하면 진행되던 개발은 중단되고, 완성은 딴 세상 이야기가 된다.

이런 상황이다 보니 번뜩이는 아이디어가 있다고 해서 외주 용역을 주거나 자체 개발팀을 꾸려 개발을 진행하는 것이 쉽지는 않다. 결국 대부분의 아이디어는 실행조차 제대로 못하고, 어느 정도 완성이 되더라도 위와 같은 이유들로 인해 테스트조차 제대로 못해보고 돈과 시간만 낭비하다 사라지고 만다.

직접 개발을
배워보는 것을 추천한다
──────────

그래서 내가 추천하고 싶은 것은 아이디어가 있다면 직접 개발을 배워보자는 것이다. 나 역시 개발자가 되고 나서 가장 만족하는 것이 바로 내가 생각하고 있는 아이디어를 직접 개발하여 테스트해 볼 수 있다는 것이다. 물론 이때 아이디어가 있다고 해서 무조건 개발을 서두르는 것은 아니다. 아이디어의 검증 작업을 먼저 하고, 시장성 등이 어느 정도 검증된 후에야 직접 서비스를 개발하여 고객들과 마주한다. 이처럼 내가 생각한 아이디어를 직접 테스트하고 현실화시킬 수 있다는 것은 개발자의 큰 장점이라고 할 수 있다.

나는 이러한 과정을 거쳐 현재 회사를 다니면서 2개의 서비스를 오픈하여 운영하고 있다. 과거 개발을 몰랐던 시절에는 내가 구상했던 아이디어를 테스트해 보기가 쉽지 않았는데, 지금은 그 허들이 없어진 느낌이다. 특히 앞으로 창업의 꿈을 가지고 있는 사람이라면 직접 개발을 배워 '개발자'라는 직업에 도전해 보기 바란다.

03
개발자에 대한 잘못된 오해

개발자는
연봉이 높다?

———————————— 많은 사람들이 나에게 묻는 질문 중
하나가 "개발자의 연봉이 진짜 언론에서 말하는 것처럼 많으냐?"
는 것이다. 먼저 결론부터 이야기하면 개발자의 연봉이 높은 것
은 사실이다. 처음 시작하는 연봉(초봉)이 다른 직군에 비해 높기
도 하고, 본인의 실력과 노력 여하에 따라 연봉 상승률도 꽤 높은
편이다. 하지만 여기에는 생략된 말이 있다. '(실력이 좋은) 개발자의
연봉이 높다'가 맞는 말이고, 최근 들어 뉴스에 많이 나오는 '신입
개발자 초봉 5,000만원'과 같은 기사는 일부 회사에 국한된 이야

기이다. 개발자가 아무리 잘 나간다 해도 자본주의의 논리에 따라 주는 만큼 그만한 실력을 원하기 때문이다. 다시 말해 개발자의 평균 연봉이 다른 직군에 비해 높은 것은 사실이지만 그 안에서도 일반적인 개발자와 실력이 좋은 개발자의 연봉은 크게 차이가 날 수밖에 없다.

직장인 익명 커뮤니티 '블라인드' 앱에서 IT 엔지니어 직군의 1,500명에게 설문조사를 했는데, 개발자들의 처우 개선에 대한 언론상의 뉴스가 실제 모든 개발자들에게 해당하는 것은 아니라는 것을 알 수 있다.

개발자 처우 설문조사 결과

개발자 처우 개선 실감하나	
아니다	71
그렇다	29

가장 최근 연봉협상에서 급여가 인상됐나	
그렇다	52
아니다	48

'급여 인상된 사람'만 얼마나 인상됐나?

100만원 미만	7
100만원 이상 500만원 미만	38
500만원 이상 1,000만원 미만	40
1,000만원 이상 2,000만원 미만	9
2,000만원 이상	6

대상 : 블라인드 가입자 IT 엔지니어 직군 1,500명(설문기간 : 2021년 3월 10~14일, 단위 : %)

(자료 : 블라인드)

최근의 연봉 협상에서 급여가 인상됐다고 응답한 회원은 52%를 기록했다. 나머지 48%는 인상되지 않았다고 답했다. 급여가 인상됐다는 응답자 가운데 1,000만원 이상 오른 사람은 15%에 불과했고, 대부분(78%)은 100~1,000만원 인상되었을 뿐이다. 이를 통해 보면 개발자들의 처우 개선 및 급여 인상이 모든 개발자들에게 해당하는 것은 아니며, 상위 10~20%의 개발자들에게게만 국한된다는 것을 알 수 있다. 따라서 '개발자의 연봉이 높다'는 말은 앞에 생략된 '좋은'이라는 문구가 있다는 것을 항상 염두에 두어야 한다.

그럼 '좋은 개발자'란 어떤 개발자일까? 이에 대해서는 회사마다 다르게 평가할 수 있는데, 이제 막 시작하는 회사에서는 안정성보다는 빠른 속도를 더 중요하게 생각할 수 있고, 어느 정도 성장한 회사에서는 하나를 만들더라도 안정적으로 제대로 만들어내는 개발자를 좋은 개발자라고 생각할 수 있다. 참고로 구글에서 '좋은 개발자'라고 검색해 보면 다양한 의견을 볼 수 있는데, 이처럼 좋은 개발자에 대한 정의는 사람마다 다르게 내리고 있다. 그렇다면 본인이 어떤 개발자가 되고 싶은지 먼저 정의하는 것이 나와 결이 맞는 회사를 찾는 지름길이 될 것이다.

개발자의 연봉은
본인의 실력으로 결정된다

─────────────── 　비전공자의 경우 혼자서 공부하거나 또는 교육기관을 통해 개발자로 입문하고자 한다면 아직까지는 회사에서 원하는 좋은 개발자의 기준을 맞추기는 힘들 것이다. 또 본인이 원하는 회사에 바로 입사하는 것도 쉽지는 않을 것이고, 일반적인 개발자의 초봉 수준에서 연봉이 결정될 수밖에 없을 것이다.

　따라서 개발자를 준비하고 있다면 현재 받을 수 있는 연봉에 연연하기보다는 작은 규모의 회사라도 취업에 성공하여 나의 실력을 충분히 보여준 후 1년 뒤의 협상에서 '연봉 상승'에 목표를 두는 것이 더 나을 것이다. 1년 동안 개발을 하며 실력을 인정받았다면 누군가는 50%의 연봉을 올릴 수도 있고, 누군가는 30%의 연봉 상승이 이루어질 수도 있다. 결국 내가 회사에서 보인 퍼포먼스를 바탕으로 나의 연봉 상승이 결정되는 것이다.

이렇게 매년 본인의 개발 실력을 쌓아가면서 거기에 맞추어 연봉이 상승한다면 처음 초봉은 적게 시작했더라도 어느 순간 대기업 연봉을 따라잡을 수 있다. 결국 개발자의 연봉은 본인의 실력으로 결정되는 것이다. 따라서 나의 실력이 회사에서 필요로 하는 스펙에 맞는지 고민해 보는 과정이 필요하다. 그리고 당연한 말이겠지만 좋은 개발자로 인정받기 위해 끊임없이 노력하는 것이 현재 내가 연봉을 얼마 받고 있는지보다 더 중요하다.

나에게도 이 부분에 대해 진지하게 고민하게 된 계기가 있었다. 어느 날 사수가 나에게 이런 질문을 던진 적이 있다.

"병욱 씨는 지금 회사에서 받고 있는 연봉만큼 일을 하고 있다고 생각해요?"

이 이야기를 듣고 뜨끔할 수밖에 없었다. 평소 내가 받고 있는 연봉이 적다고만 생각했지, 내가 그만큼 일을 하고 있는지에 대한 의문은 잘 품지 않았기 때문이다. 답을 제대로 못하고 어물쩍

하게 있으니 사수가 다음과 같이 조언을 해주었다.

"내가 회사에서 열심히 일을 하는 이유는, 오늘 내가 밥값을 제대로 못했다는 생각이 들 때가 많기 때문이에요. 사람마다 다 기준이 다르겠지만, 나는 내가 생각하는 밥값의 기준이 결코 낮지 않아요. 그렇다 보니 그 몫을 다 해낸다는 게 생각보다 쉬운 일이 아니에요. 회사에 희생하자는 말이 아니에요. 회사에 희생하지 않아도 돼요. 하지만 최소한 내 밥값만큼은 온전히 잘해 내는 것이 중요해요. 개발자로서 연봉을 더 받고 덜 받고 하는 것보다 나는 내 맡은 바 일을 얼마나 책임감 있게 처리하느냐 하는 그것이 더 중요하다고 생각해요."

사수가 해준 이 이야기는 나에게 개발자로서의 삶뿐만 아니라 조직생활에서 지켜야 할 방향을 다시 한번 생각하게 해주었다. 모든 직군이 그렇겠지만, 본인이 높은 연봉을 받기 위해서는 그만큼 책임이 뒤따른다. 개발자이기 때문에 높은 연봉을 받는다는 것은 맞지 않으며, 단지 높은 연봉 때문에 개발자라는 직업을 선택한다고 한다면 최대한 말리고 싶다.

개발자는
만족도가 높다?

개발자의 직업에 대한 만족도는 사람마다 다르겠지만, 주변의 개발자들을 만나 이야기해 보면 대부분은 만족도가 높은 편이다 (물론 모든 일에는 장단점이 있듯이 장점이 더 많다는 의미로 받아들이면 좋겠다).

개발자로서
만족감을 느낄 때

———————— 먼저 개발자의 가장 큰 장점은 내가 원하는 무언가를 직접 만들 수 있다는 것이다. 일을 하다 보면 새로운 아이디어가 떠오를 수 있는데, 그것을 아이디어에서만 그치지 않고 결과물(프로그램 또는 서비스)로 만들어 낼 수 있다는 것은 새

로운 사업의 기회를 만들 수 있다는 것이고, 결과물을 만들어 고객들의 피드백을 받는 경험은 내 자아에 굉장히 큰 보람을 준다. 퇴근길 지하철에서 옆자리에 앉은 사람이 내가 만든 서비스를 이용하고 있다면 생각만 해도 신나는 경험일 것이다.

또한 결과물을 만드는 방법도 한 가지에 국한되지 않기에, 여러 가지 방법을 적용하여 만들어 볼 수 있다. 이런 방법으로 했더니 처리하는 속도가 100ms였는데, 방법을 바꾸어 보니 속도가 10ms로 10배나 줄어든다면 그런 것에서 느끼는 재미 역시 적지 않다. 특히 끊임없이 배우고 연구하는 것을 좋아하는 사람에게는 더욱 큰 보람을 느낄 수 있을 것이다. 매일 같은 일을 반복하는 것보다 매일 새로운 일에 도전하면서 성장한다고 느낄 수 있는 곳이 개발분야이기 때문이다.

최근 내가 개발자로서 했던 작업 중 가장 큰 보람을 느꼈던 것은 회사 쇼핑몰에 새벽배송을 연결한 개발이었다. 쇼핑몰에 새벽배송을 적용하는 작업은 생각보다 쉽지 않은 것이었는데, 이 과정을 혼자 온전히 맡아서 개발해야 하는 상황이었다. 이 작업을 위해 내가 그동안 쇼핑몰 서버를 개발하면서 익혔던 모든 로직들을 점검할 수 있었고, 그 안에서 최선의 방법을 찾기 위해 노력했다. 이에 대해서는 나의 블로그에도 블로깅을 해놓았으니 개발자의 개발작업에 관심 있는 분들은 읽어보기를 추천한다.

주니어 개발자의 새벽배송 개발기

출처 : '쌀 팔다 개발자' 블로그(https://daeguowl.tistory.com/197)

개발자로서
한계를 느낄 때

─────────── 하지만 개발자도 결국 회사의 직원이다 보니 내가 관심있는 분야만 할 수는 없다. 특히 개발자가 기획에 참여하는 경우는 드물며, 대부분은 PM Product Manger 이 기획한 것을 디자이너가 디자인해 주면 거기에 맞추어 개발을 진행하게 된다. 그러다 보니 창의적인 생각을 담아 개발을 하는 데는 한계가 있을 수밖에 없다.

또한 내가 개발에 참여한 서비스를 여러 사람들이 이용한다는 것은 매우 보람있는 일이지만, 그 과정이 모두 즐거운 것은 아니다. 어떤 때는 빡빡한 일정에 맞추어 야근을 해야 하고, 새벽에 장애가 터지면 벌떡 일어나 급하게 컴퓨터를 켜야 하기도 한다. 그리고 시시때때로 서버에서 발생하는 에러들을 보고 있노라면 '내가 이러려고 개발자를 했나'라는 자괴감이 들기도 한다. 하지만 누군가가 현재 나의 서비스를 이용하다 문제를 겪고 있다면 최대한 빨리 해결해 주는 것이 개발자의 역할이다. 물론 이 부분은 개발자가 어떻게 생각하느냐에 따라 하기 싫은 일일 수도 있고, 꼭 해야만 하는 일일 수도 있다. 여기서 내가 직접 개발을 하면서 느꼈던 개발자의 애환(?)을 하나 이야기해 보고자 한다.

나는 D사에 입사하면서 쇼핑몰의 백엔드(서버) 부분을 맡게 되었다. 나의 사수도 회사에 입사한 오래 되지 않은 시점이었는데, 당시는 회사의 규모가 크지 않아 사수와 나 둘이서 쇼핑몰 전체를 책임져야 했다. 특히 기존 서비스를 새로운 시스템으로 옮기고 있는 단계라 작은 문제부터 큰 문제까지 하루에도 몇 건씩 에러가 발생하던 시기여서, 하루 종일 긴장을 늦출 수 없었다.

CX팀에서 고객 반품 요청을 처리하다 에러가 발생하면 CX팀은 업무가 멈추게 되고, 고객 역시 반품 처리가 완료되기를 기다리게 된다. 이러한 상황을 해결할 수 있는 사람은 나와 사수 둘 밖에 없다 보니, 이런 문제들을 빠르게 해결하기 위해서는 평소에 미리 그 부분의 로직들을 점검하고 살펴두어야 했다.

입사 초기 나는 이런 상황들에 대해 상당히 스트레스를 많이 받았다. 퇴근 후 또는 휴일, 휴가 중일 때도 항상 5분 대기조 상태로 지낼 수밖에 없었다. 상황상 사수와 나 둘 중 한 명은 문제가 생기면 처리를 해야 했고, 내가 해결하지 못하는 부분은 사수가 연락이 될 때까지 조마조마한 마음으로 기다려야 했다. 그런데 이러한 시간들이 좀 지나자 우리 쇼핑몰에 애착이 생기기 시작했다. 과거에는 의무감으로 어디를 가든 노트북을 들고 다니던 것이, 이제는 내 자의로 챙겨다니기 시작했다. 조금이라도 여유가 생기면 우리 쇼핑몰의 코드를 익히기 위해 노력했고, 코드를 짤 때도 단순히 지금 당장의 문제를 해결하는데 집중하지 않고 어떻게 하면 전체 쇼핑몰 안에 잘 녹여 낼 수 있을지, 지금 있는 것들과 어떻게 효율적으로 엮을 수 있을지를 먼저 고민하게 되었다.

이런 마음을 가지고 일을 하기 시작하자, 내가 개발자의 한계라고 생각했던 많은 부분들이 무너져 내렸다. 내가 어떻게 생각하고 일을 대하느냐에 따라 개발 안에서 풀 수 있는 것들이 의외로 많았다. 개발 로직 안에서 나는 기획자이고, 개발자였다. 일도 재미있어졌고, 어느 순간 회사와 사수가 나를 인정해 주는 것이 느껴졌다.

이 이야기에서 내가 강조하고 싶은 것은 개발자로서 본인이 만들고 있는 결과물에 대한 최소한의 애착은 개발자에게 꼭 필요한 자세라는 것이다. 결국 한계도 개발자 본인이 만드는 것이다. 따라서 이런 문제들을 본인이 잘 받아들이고 성장할 수 있다면 개발자로서의 만족도는 높아질 수밖에 없을 것이다.

비전공자는
시작하기 어렵다?

나는 개발에 대해 전혀 문외한이었던 철저한 비전공자였다. 개발이라는 것을 처음 접한 나이가 스물아홉이었다. 그해 1월에 생애 처음으로 프로그래밍 언어라는 것을 접했고, 7월이 되어 개발자로서 출근을 할 수 있었다.

이런 내 경험에 비추어 보면 비전공자라서 어렵다기보다는 늦게 시작했기 때문에 다른 개발자들을 따라가는 것이 쉽지 않았다고 표현하는 게 더 맞을 것 같다. 스물아홉에 개발을 시작해 이제 3년 차에 접어든 지금, 스무살부터 개발을 시작해 나와 같은 나이가 된 친구와 똑같은 실력을 가지기를 바란다거나 같은 연봉(평가)을 바란다면 그건 정말 도둑놈 심보가 아닐까 생각한다.

하지만 늦게 시작했더라도 남들보다 더 노력하고 성장하여 좋은 중급 개발자가 된다면 누구나 그에 맞는 대우를 받을 수 있다. 비전공자라서 어려운 게 아니라, 아직 개발 공부를 조금밖에 못했기 때문에 어려운 것이다. 그 차이를 좁히기 위해 더 열심히 해야 하는데, 이것이 부담으로 다가오는 것은 어쩔 수 없다.

지인들 중에는 마흔에 가까운 나이에 개발을 시작하여 10년이 지난 지금은 개발팀장을 맡고 있는 사람도 있고, 비전공자로 개발과는 전혀 다른 인생을 살다 개발을 공부하며 열심히 노력한 결과 스타트업을 창업해 성공한 사람도 있다.

최근 들어 단기간에 개발자를 양성하는 학원들이 우후죽순처럼 생겨나며 신입개발자라는 이력서를 든 사람들이 엄청나게 쏟아지고 있다. 하지만 이렇게 가볍게 시작하다 보면 결국 무늬만 개발자만 양성하게 된다. 또한 본인이 처음 개발을 시작하며 '나는 이 정도 회사에 들어갈 거야' '요즘 개발자 연봉이 이 정도라는데, 이 정도는 받아야지' 등 본인의 실력을 높이기보다 장밋빛 미래만 바라보며 시작하는 사람들도 많은 것이 사실이다.

개발자의 길을 가고자 한다면 우선 진정한 실력을 갖추는 것이 중요하다. 첫 회사의 규모가 중요한 것이 아니라 나의 개발 실력을 스스로 인정하고 작은 곳에서 차근차근 배운다는 마음으로 시작하는 것이 필요하다. 어떤 규모의 회사든 그 안에서 내가 필요한 사람으로 인정받으면 나의 가치는 높아질 것이고, 그에 따라 대우도 달라질 것이다. 그런 경험들이 하나둘 쌓이게 되면 다음 회사에서도 좋은 대우를 받을 것이고, 더 중요한 역할을 맡게 될 것이다.

다시 한번 강조하지만 비전공자라서 어려운 것이 아니라, 개발자라는 직업 자체가 많은 책임감과 끊임없는 학습이 필요한 곳이어서 어려운 것이다. 컴퓨터공학을 전공하고 10년 넘게 개발자로 일하고 있는 나의 사수는 개발자라는 직업에 대해 이렇게 이야기했다.

"병욱 씨가 처음에 대학에 갔을 때 그 학과를 왜 선택했어요? 기억 나나요? 아마 별 생각 없었을 거예요. 나도 그랬으니까. 나는 그냥 컴퓨터공학과가 유망하다고 해서 갔어요. 그리고 졸업을 하니 자연스럽게 개발자가 되었어요. 시각디자인학과를 나오면 디자이너가 되는 것처럼 정말 자연스럽게 개발자가 되었어요. 나는 내 주변에서 적성을 찾아 대학을 가거나 적성에 맞는 일을 찾아 취업을 하는 경우를 많이 보지 못했어요. 대부분은 그냥 그 직업을 가지게 되니까 하게 된 것이었어요. 나도 그런 케이스고요. 벌써 10년 넘게 했지만 나는 아직도 개발자가 잘 맞는지 모르겠어요. 사실 다른 직업을 경험해 보지 않았으니까 더 그럴 수도 있죠. 하지만 나에게 다시 어떤 직업을 선택하라고 하면 나는 개발자를 할 거 같아요. 일을 하며 느끼는 성취감과 만족감도 크고, 또 보람도 많이 느끼고요."

나도 그렇다. 나는 필요에 의한 개발을 하고 싶다. 개발이라는 것에 목적을 두고 개발을 하는 것이 아니라 내가 정말 필요로 할 때 혹은 사람들이 필요로 한다고 생각될 때 개발을 하고 싶다. 개발자라는 직업은 평생 학습하고 발전해 나가야 하는 직업이다. 모든 직업이 그렇겠지만, 개발분야는 새로운 기술이 나오는 속도가 빠르다 보니 다른 직군과는 확연하게 차이가 난다. 그렇기에 전공자, 비전공자를 떠나 이왕이면 이런 것들을 즐길 수 있는 사람이 개발자라는 직업에 더 잘 맞을 것이고, 그 안에서 만족도도 더 높을 것이다.

04
개발자의 장점과 단점

개발자의 장점

스스로 성장하면서
일을 할 수 있다

──────────── 나는 일을 하는 데 있어 '성장'을 매우 중요한 가치로 여긴다. 예를 들어 내가 어떤 회사에 취직을 했는데, 월급이 500만원이라고 가정해 보자. 일반적으로 첫 월급치고는 꽤 많이 받는다고 생각할 것이다. 그런데 이 업무는 특별히 어렵지 않고, 매우 반복적이며 누구나 할 수 있는 일이어서 매년 연봉이 크게 오르지 않는다. 연말이면 연봉을 협상해야 하는데, 대부분 통보받는다. 딱히 내세울 만한 일을 하는 것이 아니기 때문에 뭐라 할 수도 없다. 그렇게 1년, 3년, 5년이 지나다 보니 이제

회사에 출근하면 무엇을 할지 막막하기만 하다. 그런데도 불구하고 매일 출근을 한다.

또 다른 직업은 처음 월급은 많지 않지만 매일매일 새로운 일이 생겨 계속할수록 숙달되고 성장하는 것이 느껴진다. 점점 나를 대체할 수 있는 사람이 줄어든다. 그래서 매년 연봉 협상에서 우위를 점하게 되고, 협상에서 원하는 금액을 받지 못하면 언제든 다른 회사로 이직할 수 있다. 그리고 경력이 쌓일수록 다른 회사에서 지속적으로 스카웃 제의가 들어온다.

조금은 극단적인 예이기는 하지만, 이 두 가지 직업은 성장의 관점에서 보면 1년, 5년, 10년이 지났을 때 엄청난 차이를 만들어 낸다. 그런 면에서 개발자라는 직업은 '성장'이라는 키워드에서 볼 때 가장 절정에 있는 직업이 아닐까 싶다.

노트북 하나로
나의 꿈을 실현할 수 있다

───────────── 매일 나에게 어려운 일들이 지속적으로 주어진다면 나는 이 일을 해결하기 위해 관련 자료들을 찾거나 사수에게 물어서라도 이 일을 마무리해야 한다. 이런 경험들이 쌓이면서 나는 점점 더 성장하고 대체할 수 없는 사람이 되

는 것이다. 불가능해 보이던 일을 '마침내 또 해냈다'라는 성취감을 가지게 되는 것은 덤이다. 나는 이렇게 매일매일 성장한다.

그리고 이런 과정을 거치면서 미래의 모습을 다양한 방향으로 그릴 수 있게 된다. 그중 하나는 내가 생각한 아이디어를 실제로 실현해 볼 수 있다는 것이다. 나에게 필요하거나 불편했던 것들이 있다면 노트북 한 대를 가지고 시간을 투자하면 어느 정도 해결할 수 있는 프로그램을 만들어 낼 수 있다. 물론 그게 하드웨어가 필요한 제품일 수도 있겠지만, 그런 경우를 제외하면 대부분 소프트웨어로 해결할 수 있다. 노트북과 시간만 주어진다면 어떤 환경에서라도 크게 부담 없이 일할 수 있고, 이는 곧 어디든 나의 작업공간이 될 수 있다는 것이다. 이처럼 개발자라는 존재는 사소한 아이디어 하나를 가지고도 새로운 창업이나 사이드 프로젝트를 꿈꿀 수 있고, 삶을 더 활기차게 만들 수 있다.

개발을 모르던 시기의 나는 어떤 아이디어가 떠오르면 기획을 하고, 그것을 만들어 줄 수 있는 사람을 찾고, 그것을 만들기 위해 돈을 썼다. 그런데 이렇게 몇 개월을 기다려 막상 시제품이 나왔을 때에는 이미 시기를 놓쳐 운영도 해보지 못하고 폐기하는 악순환의 연속이었다.

하지만 개발을 배워 개발자가 된 지금은 어떤 아이디어가 떠오르면 바로바로 만들어 볼 수 있다는 것이 큰 장점이다. 이렇게

1년에 하나씩의 아이디어라도 실험해 볼 수 있다면 살아가면서 굉장히 많은 아이디어들을 현실화할 수 있을 것이고, 이렇게 완성된 결과물은 누군가에게 좋은 도움과 영향을 줄 수 있지 않을까 기대해 본다.

개발자의 단점

지속적인 성장에 대한 강요

────────── 그렇다면 개발자는 마냥 좋기만한
직업일까? 아이러니하게도 내가 앞에서 이야기했던 '일을 하면서
성장할 수 있다'는 장점이 개발자에게는 굉장히 큰 고민이자 단점
이 될 수 있다.

IT업계는 워낙 빠른 트렌드를 쫓다 보니 매일매일 새로운 기
술들이 나오고, 몇 년 동안 익숙하게 사용했던 개발언어가 어느
순간 완전히 다른 언어로 대체되는 경우도 허다하다. 그래서 이
러한 변화의 속도를 따라가지 못하면 회사에서 좋은 개발자로,
일 잘하는 개발자로 인정받던 사람도 한순간에 도태되기도 한다.

그래서 개발자는 성장을 위해 노력하는 것도 중요하지만 그 노력의 방향도 중요한데, 그 방향이 너무나도 빠르게 변해 버리니 지금 잘하고 있는 것인지 항상 의심스러울 뿐이다.

코딩 테스트 전문 플랫폼인 프로그래머스에서 조사한 '2021 프로그래머스 개발자 설문조사(경력개발자 약 4,000명, 예비개발자 1,600명 참여)'를 보면 무려 65%의 개발자가 '전문성 부족'을 가장 큰 고민으로 꼽았다. 또 본인이 지속적으로 '새로운 언어와 신기술을 잘 습득하고 있는지'에 대해 고민하고 있다고 답했다.

이처럼 개발자는 항상 '안정적인 서비스'와 '더 빠른 개발'이라는 두 가지 성장을 지속적으로 강요받는다. 하지만 회사에서 일을 하면서 새로운 기술을 공부하고 대처하는 것은 쉽지 않다. 왜냐하면 업무시간에는 회사의 개발을 하는 것만으로도 충분히 바

Programmers Dev · Survey 2021

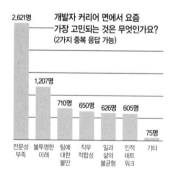

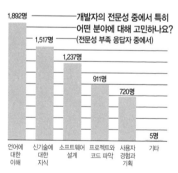

출처 : 프로그래머스

쓰기 때문이다. 그래서 개발자는 퇴근 후 또는 주말에도 새로운 언어와 기술에 대한 공부를 하지 않으면 마음 편히 쉬기가 어렵다. 최근에 모임에서 만난 한 친구는 회사 생활에 대해 이렇게 말했다.

"내가 지금 회사에서 죽도록 열심히 일하는 이유는 더 좋은 회사에 가고 싶어서야. 그리고 좋은 회사를 가려는 이유는 높은 연봉을 받기 위한 것이고, 그 이후에는 더 이상 나를 채찍질하지 않고 적당히 현실에 타협하며 살고 싶어."

이 말에 그 자리에 있던 모든 사람들이 고개를 끄덕였다. 나 역시도 개발자를 하기 전에는 다른 일들을 해왔기 때문에 이 말에 충분히 공감이 가지만, 사실 이 말이 가장 안 맞는 직군 중 하나가 개발분야이기도 하다.

좋은 회사에 가면 높은 연봉을 받을 수 있는 것은 맞지만, 그 이후 적당히 현실에 타협하면서 살아간다는 것이 개발자의 현실에서 볼 때 맞지 않은 이야기이다. 현실에 안주하면서 살다 보면 좋은 개발자도 결국 다시 평범한 개발자로 돌아가기 때문이다. 새로운 기술이 너무나 빠르게 나오기 때문에 현실에 안주하게 되면 제자리 걸음조차 하지 못하고 역행한다. 그동안 해오던 개발 언어에 만족하고, 새로운 기술을 익히지 않으면 어느 순간 내가 알고 있던 지식은 더 이상 쓰지 않는 지식이 되어버린다. 그리고 이런 일은 개발업계에서는 너무나도 비일비재하게 일어난다.

대부분의 사람들에게 직업은 생계의 수단이다. 그래서 직장인들은 맡은 일에 책임감 있게 하기 위해 노력하긴 하지만, 여유로운 삶을 포기할 수도 없다 보니 그 이상을 쏟고 싶어 하지 않는다. 워라밸이라는 말이 여기에 부합한다. 하지만 개발자는, 특히 좋은 개발자가 되기 위해 지속적으로 성장해야 하는 이곳에서는 그 이상을 쏟아야 한다. 회사 업무를 하는 8시간 동안의 개발만으로는 부족하기 때문이다.

책임져야 할 부분이 굉장히 많다

———————————— 개발자는 본인이 만든 서비스는 당연히 본인이 책임져야 한다. 다른 누구도 책임져 주지 않는다. 그런데 완벽한 개발이란 없다 보니 언제, 어느 부분에서든 문제(에러)가 생길 수 있고, 이는 즉시 고객의 CS 또는 이탈로 이어진다. '점검 중' '현재 복구 중'이라는 공지가 뜨면 고객들은 막연히 기다려주지 않는다. 선택지가 너무도 많기 때문에 다른 사이트에 가서 구매를 하거나 서비스를 이용한다. 그리고 이는 곧 회사의 손

실로 이어진다. 그래서 개발자는 언제든 에러를 복구할 수 있도록 24시간 항상 대기상태로 긴장을 유지하며 생활하게 된다.

나는 개발을 시작하며 한 번도 휴대폰을 무음으로 해놓지 않았다. 그리고 스마트 워치를 구입해 에러가 발생하면 바로바로 알람이 울리도록 연결해 두었다. 어디를 가더라도 꼭 노트북을 가지고 다닌다. 내가 해결할 수 있는 문제인지, 해결할 수 없는 문제인지는 문제가 생긴 후에야 확인할 수 있기 때문에 언제든 들고 다니는 것이다. 혹시나 나로 인해 발생할 수 있는 회사의 매출과 고객의 피해를 최소화시키기 위해 항상 긴장의 끈을 놓지 않았다. 이렇게 내가 만들어 가는 영역이 커질수록, 조금씩 좋은 개발자가 되어 갈수록 책임져야 할 부분들이 많아진다.

세상에 쉬운 개발이란 없다. 정말 쉬워 보이는 문제도 제대로 대처하지 않으면 언제든 큰 사고로 이어질 수 있다. 그리고 그 사고에 대한 불편은 오롯이 고객에게 돌아가며, 그 문제에 대한 해결 역시 미래의 나 혹은 다른 개발자에게로 돌아간다. 그래서 하나를 개발하더라도 더욱 더 신경을 써야 한다. 내가 생각없이 무심코 바꾼 한 줄의 코딩 때문에 시스템 전체적으로 문제가 발생할 수도 있기 때문이다. 이처럼 내가 개발한 부분에 대해 온전히 책임을 져야 한다는 압박감, 그리고 모든 것을 잘하기 위한 끊임없는 노력 등을 생각하면 개발자의 삶은 결코 쉽지 않다.

개발자의 하루

개발자로 살아간다는 것은 높은 연봉과 성취감 외에 단점이 많은 것도 사실이다. 그럼에도 불구하고 개발자가 되고자 한다면 탁월한 선택을 한 것이라고 말하고 싶다. 평생 개발자로 살아갈 필요는 없겠지만, 그래도 살아가면서 한 번쯤은 개발을 배워 '개발자'라는 직업을 가져보는 것을 꼭 추천하고 싶다.

개발자의 장점 중 하나였던 노트북과 시간만 있으면 무엇이든 만들어 낼 수 있다는 것은 정말 너무나도 특별한 경험이다. 앞에서 개발자의 장단점을 살펴봤으니, 이제 실제 개발자들이 하루를 어떻게 보내는지 살펴보자.

개발자의 일과

────────────── 일찍 잠들고 일찍 일어나는 게 익숙한 나는 11시쯤 잠자리에 드는 편이다. 그리고 새벽 5시에 일어나 2시간 동안은 나의 개발시간을 가진다. 이때는 주로 개인 프로젝트를 개발하고, 틈틈이 개발 공부도 함께한다.

이후 1시간 정도 운동을 하고 출근 준비를 한다. 개발자의 일하는 방식은 사실 다른 직군과 크게 다르지 않다. 다만 일을 접근하는 방법에서는 차이가 있는데, 많은 시간을 '고민'을 하는데 쓴다는 것이다.

그럼, 개발자들은 왜 고민을 하는 시간을 많이 가져야 할까? 예를 들어 다음과 같은 일을 해야 한다고 생각해 보자.

"현재 하늘을 잘 날고 있는 비행기가 있다. 이 날아가고 있는 비행기에 새로운 미사일을 달아야 한다."

이처럼 나에게 날고 있는 비행기에 미사일을 달아야 하는 일이 주어진다면, 나는 크게 2가지 단계를 거쳐야 한다.

1) 새로운 미사일을 만든다.

2) 새로 만든 미사일을 이미 잘 날아가고 있는 비행기의 적절한 위치에 붙인다.

여기서 1번과 2번 중 무엇이 더 중요할까? 아마도 대부분의 사람들은 1번의 '미사일을 만드는 것'에 집중을 할 것이다. 하지만 실제로 집중해야 하는 것은 '잘 날아가고 있는 비행기'이다. 즉, 미사일을 붙이는 위치에 따라 잘 날고 있는 비행기가 갑자기 땅에 떨어지면 안 되기 때문이다.

위의 예와 개발이 무슨 상관이냐고 물을 수 있겠지만, 나는 생각보다 큰 의미가 있다고 본다. 실제로 개발자에게 주어지는 미션의 대부분은 이미 잘 운영되고 있는 회사의 서비스에 새로운 기능을 추가하는 것이기 때문이다. 위의 예와 비교해 보면 '잘 운영되고 있는 회사의 서비스'는 '잘 날고 있는 비행기'이며, '새로운 기능'은 '새로운 미사일을 만들어서 설치한다'가 될 수 있다. 사실 비행기가 날고 있지 않다면 미사일을 여기저기에 붙여 보면서 어디가 제일 좋은지 테스트해 볼 수 있겠지만, 날고 있는 비행기에는 그게 현실적으로 불가능하다. 따라서 어느 위치에 붙일지 결정하는 일은 굉장히 중요한 일이 되는 것이다. 마찬가지로 현재 잘 운영되고 있는 서비스를 멈추지 않고 새로운 기능을 추가하는 것은 개발자에게 매우 중요한 일이다.

그래서 나는 업무 중 많은 시간을 '고민'을 하는데 사용한다. 우리가 보통 개발자에 대해 떠올리면 하루 종일 미친듯이, 그리고 엄청난 속도로 키보드를 두드리고 있을 거라고 상상을 하지만 실제로는 그렇지 않다. 많은 시간을 기존의 로직 속에 어떻게 하면 새로운 기능을 잘 녹여낼 수 있을지 고민하며 시간을 보낸다.

개발자가 개발하는 것은 고객 혹은 내부 인원들에게 필요한 서비스이기 때문에 대부분의 업무가 다른 팀과의 협업에서 시작한다. 그래서 어떤 방향으로 개발할지 결정에 앞서 이것을 사용하는 사람들이 무엇을 원하는지 정확히 캐치하는 것이 매우 중요하다. 예를 들면 다음과 같다.

"기존에 상품 단위로 진행되던 프로모션을 옵션 단위까지 할 수 있도록 변경하고 싶어요. 이를 통해 고객들에게 좀 더 다양한 프로모션 기회를 제공해 주고 싶습니다."

"특정 상품에만 사용할 수 있는 쿠폰을 발급해 주고 싶어요. 그 다음에는 특정 상품의 옵션에만 사용할 수 있는 기능도 있었으면 좋겠어요."

"재고가 떨어지고 나면 판매가 중지되어 너무 답답해요. 재고가 떨어져도 예약판매가 가능하도록 해주고 싶어요."

이런 주제의 이야기들이 회의에서 오고 간다. 그럼 개발자인 나는 어떤 대답을 줄 수 있어야 할까? 제일 깔끔한 것은 이런 질문을 들었을 때 '할 수 있을지, 없을지' 혹은 '얼마나 많이 변경해야 할지' '간단한 변경으로도 가능할지' 등 어느 정도는 머릿속에 떠오른 생각을 정리해 가능성 여부를 이야기해 줄 수 있으면 가장 좋다. 그리고 더 나아가 '그렇게까지 개발을 하면 너무 규모가 커지니 이런 부분은 지금 있는 기능 A를 조금 더 발전시켜서 사용하면 어떨지'와 같이 다른 방향의 대안을 제안해 줄 수 있으면 베스트이다.

이를 위해서는 앞에서 지속적으로 이야기했던 것처럼 본인이 현재 만들고 있는 서비스에 대해 충분히, 그리고 제대로 파악하고 있어야 한다. 그럴수록 이런 질문들에 더욱 유연하게 대처할 수 있다.

끊임없는 자기와의 싸움

이렇게 개발업무와 회의 등을 진행하다 보통 7~8시에 퇴근을 한다. 이때부터는 나 스스로와 싸움의 시간이다. '오늘 하루도 열심히 일했으니 쉬어'가 51% 정도이고, 49%는 '아니야. 새로운 것을 찾아서 또 해보자'이다. 그렇게 '쉬자'가 이기게 되면 그냥 집에서 영화나 유튜브를 보며 어영부영 시간을 보내게 되고, '새로운 것을 해보자'는 생각이 이기게 되면 근처 카페에 들려 진행하고 있는 개인 프로젝트를 이어서 하기도 하고, 개발과 관련된 온라인 강의를 보거나 책을 읽기도 한다.

이처럼 개발자의 일상은 어찌보면 매우 단조롭기도 하고 끊임없이 공부를 해야 하는 생활의 연속이다. 나 역시 이러한 개발 공부에 지쳐가던 어느 날 주중과 주말 내내 개발 공부를 멈추지 않는 회사 선배에게 물었다.

"매일 회사에서 하루 종일 개발을 하고 나면, 집에 가서 쉬고 싶지 않으세요? 저는 요즘 집에만 가면 정말 검정 화면도 보기 싫더라고요. 그런데 선배님은 퇴근 후에도 계속 노트북 앞에서 개발을 하신다면서요?"
이때 그분이 해주신 답변은 아주 짧았지만 가관이었다.
"괜찮아요. 나는 집에 가서는 회사 일 말고 다른 개발을 해요."

너무 황당한 답변이었지만 나는 이 말에 정답이 있다고 생각한다. 선배는 진심으로 개발을 즐기고 있었고, 이것을 전혀 재미없는 일 또는 커리어를 위한 일이라고 생각하지 않고 본인의 취미생활 정도로 생각하고 있었다. 그래서 개발을 공부하는 것이 전혀 힘들지 않았고, 이런 시간들이 쌓여가면서 점점 더 개발이 재미있어진다고 했다. 이를 보면 개발분야처럼 '피할 수 없으면 즐겨라'라는 말이 딱 맞는 곳도 없는 것 같다

PART 2

개발자는 어떤 일을 하나요?

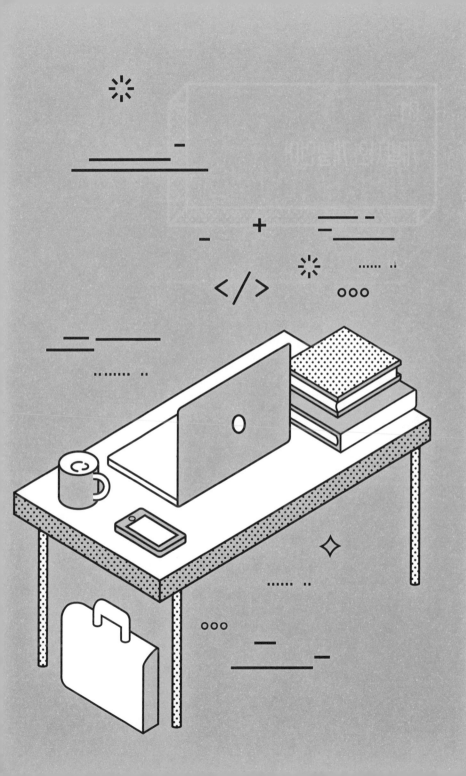

01
개발자와 개발언어

개발분야와
개발언어

개발언어에 대해 알아보기 전에 먼저 쇼핑몰 페이지를 통해 우리가 이용하는 서비스(웹/앱 페이지)가 어떻게 작동하는지 살펴보자.

쇼핑몰 페이지는
어떻게 구성되나?

─────────── 쇼핑몰 페이지의 개발은 기본적으로
프론트엔드와 백엔드의 두 가지로 나누어진다. 쇼핑몰 페이지는
먼저 프론트엔드 개발자가 앞의 화면을 하나하나 만들어야 한다.
예를 들면 제일 상단의 바 메뉴의 왼쪽에는 검색 버튼을, 중간에
는 로고, 오른쪽에는 장바구니 버튼을 만들고, 그 아래에는 슬라
이드 배너, 그리고 그 아래에는 다양한 상품들을 나열해 보여줄
수 있도록 구성한다.

쇼핑몰은 특성상 잘 팔리는 상품 위주로 화면이 계속 변경되
어야 한다. 예를 들면 특정시기 또는 신상품 출시 등에 따라 슬라
이드 배너를 수시로 바꾸어 주는 것이다. 이때 배너 또는 상품 관
련 정보는 관리자가 시기에 맞춰 관리자 페이지에 등록하게 된
다. 이를 통해 고객들은 쇼핑몰에 접속할 때마다 신상품과 계절
에 따른 다양한 상품들을 보게 된다.

관리자가 상품 관련 정보를 관리자 페이지에 모두 등록하면
프론트엔드에서는 백엔드(서버) 쪽으로 메인페이지를 구성하는데
필요한 값들을 요청한다. 그리고 요청을 받은 백엔드에서는 데이
터베이스에 접근하여 관리자가 등록해 놓은 상품 관련 정보들을
가지고 와 이를 프론트엔드 쪽으로 보내준다. 프론트엔드에서는

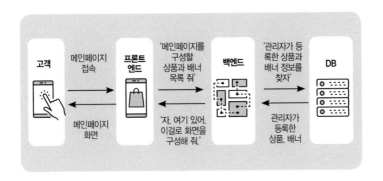

이 정보들을 바탕으로 고객들에게 보여줄 화면을 구성하게 된다.

쇼핑몰 사이트는 메인페이지뿐만 아니라 상품별 상세페이지 또는 검색페이지, 주문서페이지 등 고객들이 이용하는 모든 화면들이 이와 같은 구조에 따라 이루어진다. 다만 각 페이지마다 프론트엔드에서 서버 쪽으로 요청하는 자료가 다르고, 각각의 요청에 따라 서버에서 프론트엔드 쪽으로 응답해 주는 값들도 다르다. 예를 들면 제품 상세페이지에서는 제품 사진, 가격, 후기 정보, Q&A, 제품 상세내역, 배송 정보, 재고 정보 등 제품 각각에 대한 다양한 정보들을 필요로 한다. 그리고 서버에서는 이런 값들을 정리해 프론트엔드 쪽으로 보내주게 된다.

이처럼 우리가 하나의 서비스를 제대로 만들기 위해서는 프론트엔드와 백엔드 개발자가 모두 있어야 하며, 개발에 앞서 이런 유기적인 큰 흐름을 제대로 이해하는 것이 중요하다.

───────── 개발을 하려면 먼저 개발언어를 알아야 한다. 다음 장에서 각 개발분야에 맞는 개발언어에 대해 소개를 하겠지만, 우선 이에 앞서 개발언어(프로그래밍 언어)에 대해 간단히 알아보자.

우리가 중국인 친구와 대화를 하려면 내가 중국어를 하거나, 그 친구가 한국말을 알아야 대화가 가능할 것이다. 하지만 둘 다 불가능하다면 중간에 중국어를 할 수 있는 친구(통역)가 필요하다. 상황을 바꾸어 우리가 컴퓨터와 대화해야 한다고 가정해 보자. 컴퓨터와 대화를 하기 위해서는 어떻게 해야 할까? 컴퓨터는 0과 1만 해석할 수 있기 때문에 우리가 컴퓨터와 대화를 하려면 0과 1을 사용하여 의사소통을 해야 한다(우리가 중국어로 소통하는 것과 같은 이치이다). 하지만 이는 외국어를 배우는 것보다 더 어려운 일이기 때문에 중간에 통역할 수 있는 친구를 두는데, 그것이 바로 개발언어이다.

개발언어는 크게 앱, 웹, 서버 등 프로그램이 운영되는 체제에 따라 다양한 언어가 있고, 또 플랫폼의 발전에 따라 개발언어도 꾸준히 발전하고 있다. 즉, 하나의 개발언어가 출시되면 이것을 조금 더 쓰기 쉽게 변형하여 새로운 개발언어가 나오기도 하고,

다양한 개발언어

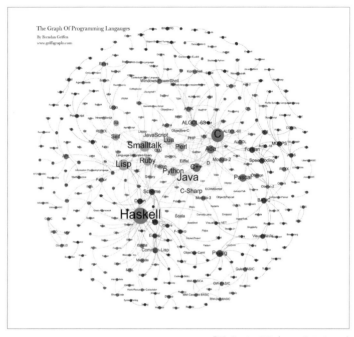

출처 : Brendan Griffen(www.griffsgraphs.com)

또 반대로 전혀 다른 형태의 개발언어가 개발되기도 한다. 그리고 수많은 개발언어 중에서 개발자들이 많이 쓰는 개발언어만 살아남아 발전하며 사용된다. 따라서 지금 많이 쓰는 언어가 언제까지 많이 쓰인다는 보장 역시 없으며, 새롭게 나오는 언어가 개발자들이 많이 쓰는 대세언어가 될 수도 있다. 물론 개발자는 모든 언어의 전문가가 될 필요는 없다. 하지만 하나의 언어만 알고 있어서는 안 되고, 필요에 따라 언제든지 다른 언어로 변경할 수 있어야 한다.

개발언어는 컴퓨터와 소통하기 위한 중간매개체 역할을 할 뿐이며, 소프트웨어 개발을 위한 도구일 뿐이다. 그렇기에 어떤 언어가 좋고 나쁜 것은 없다. 단지 본인이 개발하고자 하는 서비스에 따라 좀 더 적절하게 써야 하는 언어가 있을 뿐이다.

그럼, 이제부터 프론트엔드 개발자와 백엔드 개발자, 데브옵스 개발자, 데이터 사이언티스트들이 실제 어떤 개발을 하는지, 또 각각의 개발자가 되기 위해서는 어떤 개발언어를 학습해야 하는지 알아보도록 하자. 이를 통해 어떤 분야의 개발자가 되고 싶은지를 고민해 보고, 어떤 개발언어를 공부해야 할지도 함께 알아보자.

프론트엔드 개발자는
어떤 일을 하나요?

고객이 마주하는 화면은

프론트엔드 개발자가 만든다

——————————— 프론트엔드 개발자는 기본적으로 고객의 눈에 보이는 화면을 구성하는 역할을 한다.

우리가 쇼핑몰 등 웹/앱 페이지를 이용하면서 마주하는 모든 화면은 프론트엔드 개발자들이 만든다. 서버에서 아무리 값을 잘 보내줘도, 그것을 디자인에 맞춰 고객이 편리하게 볼 수 없다면 서비스가 완성되었다고 할 수 없다. 그래서 프론트엔드 개발자의 역할은 매우 중요하다.

그럼 여기서 오해할 수 있는 것이 '프론트엔드 개발자는 디자

인 실력이 있어야 하냐라는 질문이다. 일단 기본적으로는 그렇지 않다. 다만 프론트엔드 개발자는 디자이너가 해준 디자인을 바탕으로 화면을 구성하는 일을 하기 때문에 디자이너와 협업할 일이 많으며, 작은 규모의 회사에서는 디자인을 직접 하기도 한다(이 말은 본인이 디자인 능력이 있으면 취업을 할 때 강조할 수도 있다는 것이다). 개발 이후에는 디자인 QA(디자인되어 있던 결과물과 얼마나 정확하게 만들었는지) 작업도 하게 된다. 이처럼 프론트엔드 개발자는 눈에 보이는 작업을 하는 역할이다 보니 꼼꼼하고, 바로바로 눈에 보이는 결과물을 만드는 것을 좋아하면 잘 맞을 수 있다.

보통 홈페이지의 디자인은 고객들의 니즈에 맞춰 지속적으로 개선작업을 하게 된다. 그래서 프론트엔드 개발자들은 디자이너와 협의하여 새롭게 서비스를 리뉴얼하는 등 고객들이 좀 더 편하게 볼 수 있도록 꾸준히 노력하고 있다. 가장 최전선에서 고객을 만나는 역할을 하기 때문이다.

프론트엔드

개발자의 언어

──────────── 프론트엔드는 크게 웹과 앱으로 나누어진다. 그리고 앱은 다시 안드로이드, IOS로 나누어진다.

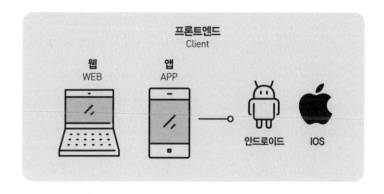

따라서 본인이 웹 프론트엔드 개발자를 하고 싶은지, 앱 프론트엔드 개발자를 하고 싶은지에 따라 학습해야 하는 언어 역시 다르다. 웹 프론트엔드 개발자가 웹에서 화면을 꾸미기 위해서는 기본적으로 HTML과 CSS, JavaScript 언어를 사용한다.

1) HTML, CSS

웹페이지의 가장 기초를 이루고 있는 것은 HTML와 CSS 언어이다. 그런데 HTML HyperText MarkUp Language 의 경우 프로그래밍 언어라고 말하지 않는다. 왜냐하면 HTML은 태그 등을 이용해 웹페이지의 구조를 기술하는 마크업 언어이기 때문이다. 인터넷이 처음 생겼을 당시 자신의 논문 등을 공유하기 위한 장소로 인터넷을 활용했는데, 이때 논문을 인터넷상에서 똑같은 형태로 보여주기 위해서는 약속이 필요했다. 그래서 탄생한 것이 HTML이다.

```html
<!DOCTYPE html>
<html lang="en">
  <head>
    <meta charset="UTF-8">
    <title>Title</title>
  </head>
  <body>
    <h1>로그인</h1>
    <div>
      <p>
        아이디 : <input type="text">
      </p>
      <p>
        비밀번호 : <input type="text">
      </p>
    </div>
```

HTML은 위와 같이 태그를 이용해 제목과 소제목, 본문 등의 시작점과 끝점을 알려주어, 웹브라우저에서 해당 부분에 맞춰 화면에 표시할 수 있도록 약속한 언어이다.

일반적으로 프로그래밍 언어는 컴퓨터에게 명령 또는 연산을 시킬 목적으로 설계되는데, 이런 동작을 할 수 없는 HTML은 프로그래밍 언어로 보지 않는다. 그럼에도 불구하고 우리가 이용하는 웹사이트의 앞부분은 HTML을 이용하여 만들어야 하기 때문에 웹페이지를 만들고자 한다면 기본적으로 익혀야 하는 언어이다.

이렇게 HTML을 이용하여 기본적인 프론트엔드의 큰 뼈대를 잡은 다음, 여기에 디자인을 입혀 주는 언어가 CSS Cascading Style Sheets 이다. 즉, CSS는 제목을 어떤 색으로 할지, 글자 위치는 어디에 둘지, 크기는 어떻게 할지, 사진은 어떤 크기로 넣을지 등 HTML로 쓰여진 웹사이트에 전체적인 디자인을 입혀주는 역할을 하는 것이다. CSS가 없으면 우리가 만든 웹사이트는 모두 일괄적으로 보이게 된다.

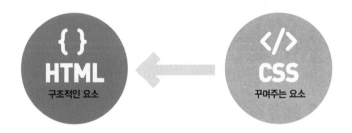

2) JavaScript

프론트엔드 개발자에게 필요한 또 하나의 언어는 JavaScript이다. HTML와 CSS로 앞 화면을 만들었다고 해서 웹페이지가 완성되는 것은 아니다. 물론 간단한 회사 소개 페이지를 만드는 경우에는 그것만으로도 충분할 수 있다(고객에게 단순한 정보를 전달하는 페이지).

하지만 고객이 어떤 상품을 구매하고, 리뷰를 달고, 멤버십을 신청하는 등 다양한 서비스 활동을 하려면 이것만으로는 부족하다. 즉, 이때부터는 백엔드와 통신을 해야 하는데, HTML과 CSS는 웹페이지의 화면만을 구성하는 것이기 때문에 백엔드에 어떠한 요청도 보낼 수 없다. 그래서 필요한 것이 바로 JavaScript라는 개발언어이다. 고객이 쇼핑몰 페이지에서 '구매하기 버튼'을 클릭하면 JavaScript를 통해 백엔드에 관련 요청을 보내고 그것을 바탕으로 웹사이트가 여러 가지 액션들을 할 수 있도록 만들어 준다.

따라서 우리가 웹 프론트엔드 개발자를 꿈꾼다면 HTML, CSS,

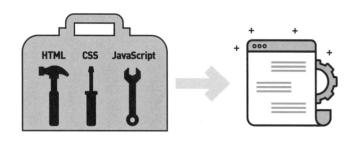

JavaScript의 3가지 언어는 기본적으로 익혀야 한다. 그리고 JavaScript 언어를 기반으로 하는 React, React native, Node.js 등의 확장된 프레임워크를 활용하면 웹과 앱의 프론트엔드 및 백엔드까지도 모두 만들 수 있어 많은 사람들이 JavaScript를 공부하고 있다.

참고로 앱페이지의 앞 화면(프론트엔드)을 만들기 위해서는 안드로이드와 IOS 각각의 운영체제에서 알아볼 수 있도록 약속해 놓은 언어로 개발해야 한다. 보통 안드로이드는 코틀린과 Java를 이용하고, IOS는 스위프트와 오브젝티브-C라는 언어를 활용해 개발한다. 최근에는 안드로이드, IOS를 한 번에 개발할 수 있는 기술들도 나오고 있다. Dart 언어를 바탕으로 flutter 프레임워크를 익히거나 JavaScript 언어를 기반으로 한 React native라는 프레임워크를 이용하면 안드로이드, IOS 앱의 프론트엔드를 동시에 만들 수 있다(프레임워크는 개발을 도와주는 툴 정도로 이해하면 된다. 뒤에서 자세히 설명할 예정이다).

백엔드 개발자는
어떤 일을 하나요?

프로그램 뒤에서 일어나는 일은

백엔드 개발자가 담당한다

──────────────── 나는 쇼핑몰에서 백엔드를 담당하고 있다. 백엔드 개발자가 하는 일은 크게 2가지인데, 기존 서비스에 대한 유지보수와 새로운 기능 개발이다. 쇼핑몰의 예를 통해 백엔드 개발자의 업무를 알아보자.

다음 화면은 쇼핑몰의 주문 페이지이다. 고객의 입장에서는 제품을 선택하고 주소지를 입력하고 결제를 하고 나면 끝이 나지만, 실제 서비스에서는 이때부터 더 많은 일들이 이루어진다. 고객이 쿠폰 및 적립금을 사용했으면 이 부분을 차감 및 사용 처리

한다. 그리고 고객의 배송지 정보를 확인해 택배업체에 출고 요청을 보내고, 송장 정보를 받아 송장번호 입력까지 마무리하면 '배송준비중' 상태에서 '배송중' 상태로 변경된다. 이때 고객에게 택배가 출발했다는 알림 메시지도 발송한다. 실제 배송이 완료되어 '배송완료' 상태가 되면 그에 맞추어 후기 요청 알림을 보내기도 한다. 그 이후에는 고객의 반품, 교환 등의 요청도 확인해야 한다. 이 모든 절차들은 화면 앞단에서 일어나지 않고 보이지 않는 뒤(서버)에서 일어나는 일이다. 이처럼 운영되는 서비스 화면 뒤back에서 일어나는 전체적인 로직 처리를 하는 사람이 백엔드 개

발자이다.

백엔드 개발자의 업무 중 하나인 '기존 서비스에 대한 유지보수'의 경우, 서비스에서 미처 생각하지 못했던 또는 다양하게 발생할 수 있는 에러에 대한 확인 및 개선 작업이라고 볼 수 있다.

예를 들어 고객이 구매후기를 작성했을 때 적립금을 주기로 했다면 1차적으로는 고객이 후기를 작성하면 적립금을 주는 로직만 추가하면 될 것 같지만 현실은 그렇지 않다. 고객이 적립금을 받은 후에 구매후기를 삭제하게 되면 회사 정책에 따라 적립금을 다시 회수해야 한다. 그런데 만약 해당 고객이 적립금을 회수하기 전에 부여한 적립금을 이미 사용했을 수도 있다. 이런 경우가 바로 미처 예상하지 못했던 케이스이다. 이때 서버는 우리가 시킨 일만 하기 때문에 이런 예기치 못한 상황이 발생하면 바로 에러가 날 수밖에 없다. 그래서 개발자는 이런 예외 케이스까지 고려하여 미리 로직을 추가해 주어야 한다.

백엔드 개발자의 또 하나의 중요한 업무는 '새로운 기능 개발'이다. 이는 '피처 개발'이라고도 하는데, 기존에는 상품별로 프로모션 할인이 가능하던 것을 옵션별로 할인이 가능하게 하거나, 재고가 떨어진 상품의 경우 원래는 판매가 중단되게 되지만 예약재고를 설정할 수 있도록 하여 예약판매가 가능하도록 하는 것과 같이 새로운 기능을 개발하는 것이다.

그 외에 운영팀 또는 관리자가 편리하게 운용할 수 있도록 관리자 페이지를 만들기도 한다. 관리자 페이지를 통해 관리자가 상품을 좀 더 쉽게 배열하거나 직접 배너를 등록할 수도 있고, 각종 프로모션을 설정할 수도 있다.

백엔드 개발자의 언어

그럼, 이런 백엔드 개발자들은 어떤 개발언어를 사용할까?

1) Python

요즘 가장 핫한 언어 중 하나가 Python이다. Python은 나온지 꽤 오래된 언어지만, 초보자도 쉽게 배울 수 있을 정도로 간결하고 어렵지 않다. 그래서 개발언어를 처음 배우는 입문자에게 Python을 많이 추천한다. 하지만 개발언어를 배울 때 주의해야 할 것이 주변에서 추천한다고 해서 무턱대고 시작하면 안 된다는 것이다. 개발언어를 배우기에 앞서 이 언어를 배우면 무엇을 할 수 있는지를 먼저 확인해야 한다.

그럼 Python 언어를 배우면 무엇을 할 수 있을까? 우선 백엔드(서버)를 만들 때 주로 Python 언어를 사용한다. 서버는 다양한

가장 인기 있는 개발언어(1965-2021)

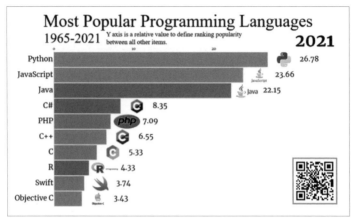

출처 : DataLover 유튜브

케이스들을 고려하고 대응해야 하기 때문에 어떤 상황에서도 간결하게 프로그래밍할 수 있는 Python 언어가 백엔드에 효율적인 언어이다. 뿐만 아니라 대규모 데이터를 다루기에도 편리한 언어이다 보니 백엔드 쪽으로 개발을 시작하고 싶다면 Python 언어를 배우는 것을 추천하고 싶다. 나 역시 백엔드에서 서버를 담당하고 있다 보니 주로 사용하고 있는 언어가 Python이다. 그리고 최근에 개발자들이 많은 관심을 가지고 있는 머신러닝과 딥러닝도 Python 언어를 기본으로 한다. 따라서 머신러닝과 딥러닝에 관심이 있다면 무조건 Python 언어를 학습해야 한다.

2) Java

최근 가장 핫한 언어가 Python이라고 한다면, 2020년까지 전 세계에서 가장 많이 사용된 언어는 Java였다. Java 언어는 다양한 프로그램을 개발할 수 있는데, 주로 서버(백엔드) 또는 안드로이드 앱과 게임을 만드는데 이용된다.

Java 언어는 초창기에 나왔던 C언어에 비해 사용성이 개선되어 많은 개발자들에게 사랑을 받았다. 또한 Python 언어보다 속도가 빠르기 때문에 대규모 서비스에 적합한 언어이기도 하다. 우리나라의 경우 규모가 큰 서비스의 대부분은 Java를 사용하고 있다. 특히 대부분의 SI업체(외주용역을 전문으로 하는 회사)에서 주로

TIOBE Index for October 2021

Oct 2021	Oct 2020	Change	Programming Language	Ratings	Change
1	3	^	Python	11.27%	-0.00%
2	1	v	C	11.16%	-5.79%
3	2	v	Java	10.46%	-2.11%
4	4		C++	7.50%	+0.57%
5	5		C#	5.26%	+1.10%
6	6		Visual Basic	5.24%	+1.27%
7	7		JavaScript	2.19%	+0.05%
8	10	^	SQL	2.17%	
9	8	v	PHP	2.10%	
10	17	^	Assembly language	2.06%	

출처 : TIOBE(www.tiobe.com)

Java를 사용하고 있다 보니 아직까지는 Java가 제일 많이 쓰이고 있다. 그래서 Java를 공부하면 처음 개발자로 진입할 때 일자리가 많다는 장점이 있다. '신입 서버 개발자로 입사하기 위해서는 꼭 Java를 해야 한다'는 말이 나온 것도 이 때문이다.

하지만 최근에는 Python 또는 JavaScript로 서버를 구축하는 회사도 많이 있으니 서버 개발자를 꿈꾼다고 해서 꼭 Java를 고집할 필요는 없다는 점도 고려하길 바란다.

데브옵스 개발자는
어떤 일을 하나요?

안정적 운영을 위해
인프라를 설계한다

────────────── 데브옵스 개발자는 우리 서비스가 이상 없이 잘 돌아가도록 돕는 역할을 한다. 보통 프론트엔드 개발자와 백엔드 개발자가 코드를 짜서 화면 또는 서버 로직을 구현한다고 해도 고객들은 그것을 바로 이용할 수 없다. 즉, 프론트엔드 개발자와 백엔드 개발자가 코드를 설계해 서비스가 돌아갈 수 있는 로직을 만들고, 그렇게 만들어진 서비스에 고객들이 문제없이 접속하고 불편없이 잘 이용할 수 있도록 운영하는 것이 데브옵스 개발자의 역할이다(물론 데브옵스 개발자가 없는 경우에는 프론트엔드와 백

엔드 개발자가 유기적으로 협력하여 서비스를 운영한다). 예를 들어보자.

D쇼핑몰에서 대규모 프로모션을 기획하고 있다고 가정하자. 여름이 다가오는 시기라 평소보다 고객유입이 3배 이상 더 많을 것으로 예상하고 있다. 이 경우 미리 대비를 해놓지 않으면 이벤트를 진행한다는 프로모션을 보고 고객들이 사이트에 접속했더니 접속이 잘 안 되거나 로딩바만 지속적으로 보여지는 상황이 발생할 수 있다. 보통 서버에서 처리할 수 있는 응답 수는 한계가 있기 때문에 들어온 요청을 하나씩 하나씩 처리하여 반환하게 된다. 우리가 종종 경험했던 화면이 뜨지 않고 로딩바만 돌아가는 이런 상황이 바로 서버의 응답을 기다리고 있는 것이다.

이처럼 프로모션으로 고객 유입이 늘어날 것이 예상되면 고객들이 불편을 겪지 않도록 미리미리 대비해야 하는데, 이런 문제에 대비하기 위해서는 어떻게 해야 할까? 당연한 이야기겠지만 서버가 많으면 많을수록 더 많은 응답을 처리할 수 있다. 그래서 평소 2대로 충분했던 쇼핑몰 서버를 이 시기에 맞추어 4대로 늘리기로 한다. 그리고 서버만 늘리는 것이 아니라 이렇게 늘어난 4대의 서버에 들어온 응답들을 잘 나누어줘야 하는데, 그것을 로드밸런싱(클라이언트의 요청을 받는 서버의 부하를 줄이기 위해 트래픽을 분산시키는 방법)이라고 한다.

이때 고객 유입의 상황에 맞춰 서버의 수를 늘리면 더 빠르고

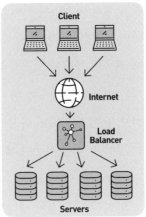

좋겠지만 서버가 늘어나는 만큼 비용도 늘어나기 때문에, 적정한 서버의 개수를 유지하는 것이 중요하다. 그리고 프로모션이 끝난 후에는 서버의 개수를 다시 줄여 서버 운영비용을 최소화시키는 등 효율적으로 운영해야 한다. 이러한 전체 서비스의 운영을 기획하고 설계하는 개발자가 데브옵스 개발자이다.

일반적으로 프론트엔드 개발자와 백엔드 개발자가 개발한 코드를 실제 서비스에 반영하는 것은 여간 까다로운 게 아니다. 그리고 새롭게 개발한 코드를 반영하기 위해서는 서버가 잠시 중단되어야 하는데, 서버가 중단되면 고객들은 불편을 겪을 수밖에 없다. 이때 데브옵스 개발자의 역할이 중요한데, 2대의 서버(대부분의 쇼핑몰은 기본적으로 2대 이상의 서버를 운영한다) 중 앞쪽의 로드밸런싱을 조절하여 기존의 서비스는 서버 1대에만 요청이 가도록 하고, 나머지 1대의 서버에 새로운 코드를 반영한다. 그리고 서버 1대에 새롭게 개발된 코드가 제대로 반영이 되었다면 이 서버로 고객들의 요청이 가도록 한 후 기존의 서버에 새로운 코드를 반영하고, 문제가 없다면 다시 2대의 서버로 요청이 나누어지도록 하는 것이다. 이를 무중단 배포(서버의 중단 없이 운영되고 있는 서비스에 새롭게 개발한 코드들이 반영되도록 하는 것)라고 한다.

하지만 이 작업이 생각보다 쉽지는 않다. 그래서 데브옵스 개발자는 이런 작업을 좀 더 쉽게 시스템에 구축할 수 있도록 서버 배포 버튼 하나로 이런 일련의 과정들을 자동적으로 처리할 수 있는 서비스를 구축해 줌으로서 프론트엔드 개발자와 백엔드 개발자들이 쉽게 배포를 진행하도록 도와준다. 또 기존에 있었던 서버가 갑자기 다운될 수도 있기 때문에, 이런 부분들에 대해 고객들이 불편을 겪지 않도록 고가용성(서버와 네트워크 또는 프로그램 등의 정보시스템이 오랜 기간 동안 지속적으로 장애 없이 정상 운영이 가능한 성질)을 유지하기 위한 시스템을 구축하는 일도 한다.

이처럼 서비스를 안정적으로 운영하기 위한 일련의 과정(서버 스케일 인, 아웃, 배포, 고가용성 유지 등)들을 모두 자동화하여 개발자가 더 자유롭게 개발하고 더 빠른 배포를 할 수 있는 환경을 만들어 주는 것이 데브옵스 개발자의 역할이다.

데브옵스

개발자의 언어

──────────   데브옵스 개발자는 회사 서비스의
전체적인 인프라를 맡아 잘 운영될 수 있도록 하는 역할을 맡고
있는데, 관련된 신기술들이 빠르게 발전하고 있어 트렌드에 맞춰
많은 학습들을 해나가야 한다.

그렇다 보니 데브옵스 개발자의 경우 처음부터 관련 커리어를
시작하는 것이 쉽지 않다. 보통은 서버 개발을 하다 데브옵스 쪽
으로 전향하는 개발자들이 많다. 그래서 평소에 본인 스스로 인
프라를 더 찾아보고 공부하는 습관을 가져야 한다.

데브옵스 개발자들의 경우 익혀야 하는 언어가 딱히 제한되어
있지 않다. 본인이 자신 있는 언어에 맞춰 새로운 트렌드의 프로
그래밍을 익혀야 하며, 인프라 등 시스템 운영에 관련된 지식들
도 쌓아가야 한다.

데이터 사이언티스트는
어떤 일을 하나요?

쌓여 있는 데이터를
의미 있는 데이터로 만든다

——————————— 다음 화면은 쇼핑몰의 주문 페이지
이다. 이러한 주문 페이지는 고객의 입장에서 볼 때는 특별할 것
이 없다. 하지만 개발자의 입장에서 볼 때는 그렇지 않다.

회사에서는 가끔 고객 A와 고객 B가 보는 페이지를 다르게 구
성한다. 예를 들어 '장바구니 담기' 버튼과 '바로 구매하기' 버튼의
위치를 변경하면 어떻게 될지 확인해 보는 것이다. 대부분의 사
용자들이 스마트폰을 오른손에 쥐고 있기 때문에 오른쪽의 버튼
이 좀 더 누르기 쉽다. 그럼, 장바구니 담기 버튼을 오른쪽으로 보

다노 다노한끼 시즌4 저당 곤약 도시락 (7팩/14팩)
탄수화물을 낮춘 도시락

25% ~~32,000원~~
24,000원   ↱

🅟 최대 P 적립혜택   ⌃

🚚 무료배송
   낮 12시까지 결제완료 시 오늘 출고
   제주 및 도서/산간 지역 1~2일 추가 소요

[필수] 옵션을 선택해 주세요   ⌄

[선택] 함께 사면 좋은 상품   ⌄

          장바구니 담기   바로 구매하기

내고 구매하기 버튼을 왼쪽으로 보내면 장바구니 담기 버튼을 좀
더 많이 누를 것이라는 예상을 해볼 수 있다. 이때 실제 그런지에
대한 테스트를 해봐야 하는데, 이것이 바로 A/B테스트이다.

해당 페이지에 접속한 고객들에 대해, 한 명에게는 A안(장바구
니 버튼이 왼쪽, 구매하기 버튼이 오른쪽), 또 한 명에게는 B안(장바구니 버튼이
오른쪽, 구매하기 버튼이 왼쪽)으로 보이게 설정해 실제로 장바구니 담
기 버튼이 더 많이 눌리는지 확인해 보는 것이다. 이처럼 고객들
이 모르는 사이에 회사에서는 수많은 A/B테스트를 거치고 있다.

이런 테스트 외에도 쇼핑몰 사이트에서는 주기적으로 구매하

기 버튼의 색깔을 바꾸어 보기도 하고, 가입 경로를 좀 더 간소화하기도 하며, 후기를 표시하는 방법을 변경하는 등 다양한 A/B테스트를 진행한다. 이때 회원가입 페이지를 A/B테스트 한다고 하면 회원가입을 늘리는 것이 목적일 것이고, 구매하기 버튼의 A/B 테스트를 한다면 더 많이 구매하는 것이 목적이 될 수 있다.

이처럼 다양한 이벤트를 설계하고, 데이터를 트레킹하는 것이 바로 데이터 사이언티스트들이 하는 일이다. 다양한 가설을 세우고, 그것이 실제로 맞는지 확인하며, 지속적으로 특정 목적을 향해 나아가도록 하는 것이다. 또한 이미 쌓여 있는 데이터에서 필요한 데이터를 뽑아내기도 한다.

데이터 사이언티스트의 언어

데이터 사이언티스트들은 데이터를 처리하기 위해 주로 Python과 SQL(데이터베이스언어)을 공부한다.

1) Python

Python은 백엔드(서버)를 만들 때 많이 이용하지만, 빅데이터 처리에도 매우 적합한 언어이다. 그래서 데이터 사이언티스트들은 데이터를 가공할 때 Python을 많이 사용한다. '군이 엑셀이 있는데 Python이라는 언어를 배워야 하냐'고 생각할 수 있지만, 일반적인 수준의 데이터 분석이 아닌 웹사이트의 방문로그 또는 그동안 쌓여 있던 몇 년치의 구매내역, 구매품목 등은 엑셀로 처리할 수 없는 데이터이다 보니 Python을 사용하는 게 훨씬 유용하다. Python은 기본적으로 엑셀과 비슷한 수식 계산과 함수·그래프 등의 시각화를 지원하고 있고, 데이터 호환성도 뛰어나기 때문에 엑셀 혹은 CSV 파일을 불러와 Python에서 분석할 수 있다. 또한 Python으로 분석한 데이터를 엑셀 혹은 CSV 형태로 저장할 수도 있다.

이런 장점이 있다 보니 빅데이터 분석을 기본으로 하는 머신러닝, 딥러닝 영역에서도 Python을 사용하고 있다.

2) SQL

데이터 사이언티스트들은 Python 외에 데이터베이스와 소통하기 위해 SQL이라는 언어를 사용한다. SQL에 대해 설명하기 전에 데이터베이스에 대해 먼저 알아보자. 예를 들어 고객이 주문한 정보를 다음과 같이 노트에 기록했다고 가정해 보자.

성명	나이	연락처	상품	사이즈	가격
김병욱	31살	010-0000-0000	남성 T셔츠	XL	19,900
백지수	27살	010-0000-0001	반팔 나시	L	10,000
권진영	30살	010-0000-0002	원피스	L	70,000
김학준	27살	010-0000-0003	반팔 후드	XL	20,000
조재영	28살	010-0000-0004	청바지	XL	40,000

　장부에는 구매자정보와 주문정보 등을 기록하는데, 한눈에 보기에는 편하지만 이런 노트 장부에는 치명적인 단점이 있다. 구매정보가 많아지면 많아질수록 관리하기가 어렵고, 고객의 정보가 바뀌면 장부에서 해당 고객과 관련된 주문정보를 찾아내 일일이 바꿔줘야 한다. 그래서 엑셀을 활용하여 이런 노트 장부를 관리하기 쉽게 만들기도 한다.

　엑셀을 활용하여 고객정보와 상품정보, 주문정보를 따로따로 정리하여 관리하는 것이다. 엑셀 장부는 고객의 연락처나 나이가 변경될 때 언제든지 고객정보만 변경하면 되기 때문에 관리가 훨씬 더 쉬워진다. 실제 데이터베이스 역시 이런 형태로 설계되어 있다(이런 형태를 관계형 데이터베이스라고 한다).

　그리고 이렇게 만들어진 여러 정보들을 모아 사용가능한 데이터로 만드는 것 또한 데이터 사이언티스트들의 역할이다. 이를

◢	A	B	C	D	E
1	고객정보	성명	나이	연락처	
2	1	김병욱	31	010-0000-0000	
3	2	백지수	27	010-0000-0001	
4	3	권진영	30	010-0000-0002	
5	4	김학준	27	010-0000-0003	
6	5	조재영	28	010-0000-0004	
7					
8	상품정보	상품	사이즈	가격	재고
9	1	남성 T셔츠	XL	19,900	73
10	2	반팔 나시	L	10,000	22
11	3	원피스	L	70,000	35
12	4	반팔 후드	XL	20,000	42
13	5	청바지	XL	40,000	18
14					
15	주문정보	구매자	상품	개수	
16		1	1	1	
17		2	2	1	

위해 데이터베이스와 소통이 필요한데, 우리가 서버와 소통하기 위해 필요했던 것이 개발언어였던 것처럼 데이터베이스와 소통하기 위한 언어가 바로 SQL이다.

예를 들어보자. member라는 이름의 table에서 모든 고객의 이름만을 모아서 보고 싶다면 "SELECT name from member"라는 SQL 명령어를 데이터베이스에 입력해 주면 된다. 또한 30세 이상인 고객의 이름을 보고 싶다면 "SELECT name from member where age > 30"처럼 입력해 주면 된다.

member라는 이름의 table				
member	name	age	phone	email
1	김병욱	31	010-0000-0000	gang0406gang@gmail.con
2	백지수	27	010-0000-0001	100baik@korea.com
3	권진영	30	010-0000-0002	kwun1000000@super.com
4	김학준	27	010-0000-0003	kim12345@popcon.com
5	조재영	28	010-0000-0004	kim54321@yuji.com

고객의 이름만 모아서 보고 싶다면 "SELECT name from member"
30세 이상인 고객의 이름을 보고 싶다면 "SELECT name from member where age > 30"
모든 고객의 나이만 보고 싶다면 "SELECT age from member"

이처럼 SQL을 활용하면 회사에서 원하는 필요한 데이터를 쉽게 추출할 수 있다. 이런 편리성 때문에 데이터 사이언티스트들이 기본적으로 알아야 하는 언어가 바로 SQL이다.

02
개발 전에 꼭 알아야 할 기초지식

프론트엔드와 백엔드가
통신하는 방법

웹/앱 페이지를 개발할 때 프론트엔드와 백엔드가 정보를 주고받기 위해서는 서로 간의 '통신'이 필요한데, 통신을 하기 위한 규약(약속)이 바로 우리가 웹사이트 주소에서 쓰고 있는 http ^{hyper text transfer protocol}이다. 즉, http는 클라이언트와 서버 사이에서 데이터를 교환하기 위해 사용하는 통신규칙을 말한다.

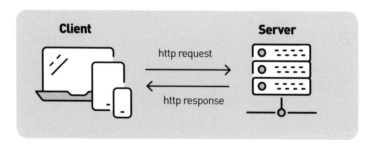

보통 클라이언트(프론트엔드)가 요청 http request을 보내면 서버(백엔드)에서 응답 http response을 하는 형태로 이루어진다. 그런데 프론트엔드에서 http를 이용해 서버로 요청을 보내면 이 요청은 어떻게 서버에 도착할 수 있을까? 예를 들어 우리가 스마트폰으로 구글에서 무언가를 검색하면 request 미국에 있는 구글의 서버까지 어떻게 도달하여 응답 response이 오게 되는 걸까?

이 경우 우선 우리 주변의 가까운 기지국으로 요청이 가게 된다. 우리가 와이파이를 쓰고 있다면 해당 공유기를 통해, LTE나 5G를 사용 중이라면 가장 가까운 기지국으로 요청이 간다. 그럼 해당 기지국에서 미국에 있는 구글 서버에 요청을 보낸다. 이때 우리 스마트폰에서 기지국까지 요청을 보낼 때는 무선통신으로 보내지만 한국에서 미국은 굉장히 먼 거리이기 때문에 기지국에서는 무선통신이 아닌 유선통신을 통해 요청을 보내게 된다. 한국에서 미국으로 유선통신을 보내는 방법은 상상이 되지 않지만 전 세계의 바다 밑에 연결되어 있는 해저 광케이블을 이용한다.

바로 이 해저 광케이블을 통해 우리는 미국뿐만 아니라 전 세계의 웹사이트에 빠르게 접속할 수 있고, 다른 나라의 서버들과 통신할 수 있는 것이다. 그런데 이 광케이블은 상어들이 물어뜯기도 하고, 해저 지진으로 파손되기도 하기 때문에 지속적으로 관리해 주어야 한다. 실제로 2011년 3월 발생한 동일본 대지진으

'해저 케이블'이란 무엇?

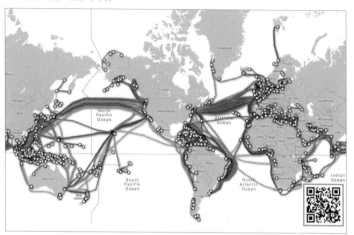

출처 : 서지스윈 @IT.블로그 매거진

로 해저 케이블이 파손되어 미국과 일본 사이의 통신이 두절되기
도 했다.

API와 JSON

앞에서 우리는 전 세계의 서버들이 기지국과 해저 케이블을 통해 통신하는 것을 알았다. 그럼, 이제 프론트엔드에서 서버에 보내는 요청이 무엇인지, 즉 메인페이지와 상세페이지에 정보를 어떻게 전달하는지 알아보도록 하자.

API : 프론트엔드와
백엔드 간의 약속

———————————— 프론트엔드 Client 와 백엔드 Server 가 통신을 할 때 원활하게 이루어지기 위해 서로 약속을 정해 놓는데, 이 약속을 API Application Programming Interface 라고 한다. 즉, 프론트엔

드와 백엔드가 서로 통신을 하기 위한 인터페이스를 약속해 놓은 것이라고 생각하면 된다. 조금 더 쉽게 예를 들어 설명해 보자.

손님이 식당에 찾아가 질문을 한다.
손님 : 사장님, 요즘 금값 시세가 어떻게 되죠?
사장님 : 아니, 그걸 왜 여기서 물어봐?

이 경우 손님의 질문은 잘못되지 않았다. 하지만 금은방인 줄 알고 들어간 곳이 식당이었던 것이다. 그러니 질문을 받은 식당 사장님은 당황할 수밖에 없다. 이 질문은 금은방에서 하면 정상이지만, 다른 곳에서 하면 문제가 있는 것이다. 프론트엔드와 백엔드가 서로 통신(질의응답)을 하는 것도 마찬가지이다. 서로 원활한 통신을 위해 요청을 하고자 하는 페이지에 제대로 요청이 가도록 약속을 해놓아야 한다.

- 메인페이지에 대한 요청은 "api/main/"으로 정하고,
- 배송에 관한 요청은 "api/delivery/"로,
- 주문에 관한 요청은 "api/order/"로 하기로 한다.

우리가 웹 또는 앱에서 이용하는 대부분의 버튼에는 '뉴스의

카테고리를 눌렀을 때는 "api/news/category"로 요청을 보낸다'
와 같이 미리 약속이 정해져 있다. 물론 news/category라고 써야
한다고 정해져 있는 것은 아니며, 이는 프론트엔드 개발자와 백
엔드 개발자가 서로 정하면 된다.

Rest API : API 통신의 효율을 높이기 위한 약속

──────────── 이제 프론트엔드와 백엔드 통신 간
의 약속이 API라는 것을 알았다. 그럼, 예를 하나 더 살펴보자.

손님이 식당에 찾아가 음식 주문을 한다.
손님 : 사장님, 여기 김치찌개 하나 주세요.
사장님 : 저희는 저기 키오스크로만 주문을 받아요. 거기서 해주세요.

분명 손님은 식사를 하기 위해 식당을 찾아가 음식을 제대로
주문한 거 같은데, 사장님의 대답이 영 시원찮다. 왜냐하면 여기
는 키오스크로 주문과 결제까지 마무리하는 가게였던 것이다. 이
처럼 API에도 요청을 어떻게 보내야 할지에 대해 사전에 약속이
필요하다. 우리 가게는 직접 주문하는지, 키오스크로 주문하는

지, 배달 주문만 되는지 등을 미리 공지해 놓으면 이런 문제는 쉽게 해결된다. 그래서 API를 잘 사용하기 위해 또 하나의 약속을 정해 놓은 것이 있는데, 그게 바로 Rest API이다.

Rest API는 프론트엔드와 서버 간의 통신^{API} 효율성을 높이기 위해 어떻게 요청하고, 어떻게 전달할지를 정해 놓은 규약이다. 우리가 일반적으로 웹/웹 페이지에서 할 수 있는 행동들은 대부분 '정보를 보여 줘' '정보를 입력해 줘' '정보를 수정해 줘' '정보를 삭제해 줘'의 4가지로 압축될 수 있다.

쇼핑몰을 예로 들어보면 쇼핑몰에 접속해 상품을 검색하는 행동은 '정보를 보여 줘'일 것이다. 그리고 상품을 구매하는 행동은 해당 사이트에 '주문정보를 입력해 줘'와 같다. 우리가 후기를 적는 행위 역시 '정보를 입력해 줘'와 같다. 그밖에 주문정보를 변경하거나 후기를 변경하는 것은 '정보를 수정해 줘'이고, 후기를 삭제하는 행위는 '정보를 삭제해 줘'로 볼 수 있다.

이렇게 우리가 웹/앱 페이지 안에서 하는 행동은 크게 4가지 정도이다. 그렇다면 우리가 지금 하는 행동이 어떤 것인지를 서버 쪽에 요청을 보낼 때 미리 알려주면 더 좋지 않을까? 그래서 이런 4가지 행동을 할 때 미리 다음과 같은 method를 붙여서 서버로 보내주면 우리가 어떤 행동을 하는지 미리 알고 빠르게 처리할 수 있다.

- '주문을 보여 줘' → method : GET api : api/order/

- '주문을 입력해 줘' → method : POST api : api/order/

- '주문을 수정해 줘' → method : PUT api : api/order/

- '주문을 삭제해 줘' → method : DELETE api : api/order/

앞에서 우리는 주문에 대한 요청은 "api/order/"라는 api로 보내기로 약속을 했다. 그렇다면 여기에 GET이라는 것을 붙이면 주문 정보를 보여 달라는('조회') 것이다. 또 여기에 POST를 붙이면 '주문을 하겠다'는 것이고, PUT은 주문에 대한 '수정', DELETE는 '주문 삭제 혹은 취소'가 될 수 있다.

이처럼 하나의 api("api/order")에 어떻게 할지 4가지 방법을 붙이니 대부분의 행동에 대해 정의할 수 있게 되었다. 그렇지 않았다면 주문 정보 조회는 "api/order/detail", 주문 정보 삭제는 "api/order/delete"와 같이 하나하나 정의를 해줘야 했을 텐데 4개의 method를 붙이면 한 개의 api로 해결되는 것이다. 여기서 나오는 GET, POST 등이 바로 개발자들이 자주 이야기하는 'GET 요청' 'POST 요청'이다.

JSON : 결과값을
주고받는 형태

———————————— 그럼 JSON은 무엇일까? 앞에서 우리
는 어떤 행동을 할지 4가지로 압축해 서버 쪽으로 보내주기로 했
다. 그렇다면 이제 서버 쪽에서 어떻게 응답을 해줄지에 대한 것
을 알아봐야 한다.

프론트엔드에서 서버 쪽으로 요청을 할 때는 약속해 놓은 api
로 상황에 따라 method(GET/POST/PUT/DELETE)를 붙여 보내주기로
했는데, 이것에 대한 응답값을 어떻게 받을지에 대한 약속이 없
었다. 이것을 어떻게 받는지 약속을 해야지 그 받아온 응답값을
바탕으로 프론트엔드에서 고객들에게 다시 화면을 보여줄 텐데

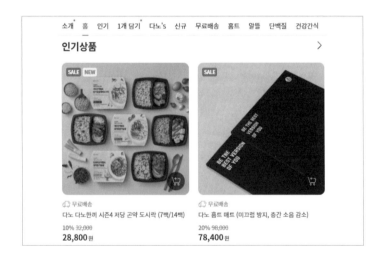

말이다. 그럼 예로 들었던 쇼핑몰의 상품 소개페이지를 다시 한 번 살펴보자.

그림 왼쪽의 상품을 보면 서버에서 여기에 필요한 값들을 다음과 같이 보낼 수 있을 것이다.

'다노 다노한끼 시즌4 저당 곤약 도시락', '10%', '32,000', '28,800원', '무료배송'

한 개의 상품 구성에 필요한 값들을 이렇게 나열해 보내주는 것이다. 이때 중요한 것은 보내주는 순서이다. 32,000원의 가격을 10% 할인하여 28,800원이 되는 구성인데, 이것의 순서를 무작위로 보내주게 되면 상품 정보가 완전히 뒤죽박죽이 되어버릴 것이다. 그래서 단순히 정보만 나열하는 것이 아니라 각각의 정보가 무엇을 의미하는지 같이 넣어주어야 한다. 그 방법이 바로 JSON이다. JSON은 key와 value로 이루어진 형태인데, 예를 들면 다음과 같다.

{ 'product_name' : '다노 다노한끼 시즌4 저당 곤약도시락' }

여기서 key는 'product_name'이 되고 value는 '다노 다노한끼 시즌4 저당 곤약도시락'이 된다. 이런 형식으로 자료를 다시 나열해 보면 다음과 같다.

{ 'product_name' : '다노 다노한끼 시즌4 저당 곤약도시락', 'discount_value' : '10%', 'price' : '32,000', 'discounted_price' : '28,800원', 'shipping_info' : '무료배송' }

이렇게 정리가 되면 데이터가 넘어오는 도중에 정보가 섞이게 되더라도 문제가 없다. 프론트엔드에서는 각각의 key에 맞추어 제목에는 product_name에 들어있는 내용을, 가격 표기에는 각각의 key에 들어있는 내용을 쏙쏙 뽑아내어 사용하면 된다.

이렇듯 API 통신의 효율성을 높이기 위한 방법들이 지속적으로 발전해 왔고, 우리는 그것을 활용해 프론트엔드와 백엔드가 원활히 통신하도록 하고 있다. 그럼, 이제 다음 개발자들의 대화를 살펴보자.

프론트엔드 개발자 : 메인페이지에 접속해서 GET 요청을 보냈는데, product_name key가 오지 않고 있어요.
백엔드 개발자 : 잠시만요. 확인해 볼게요.
백엔드 개발자 : (확인해 본 뒤) 아, 제가 빠뜨린 게 맞습니다. product_name도 key에 추가해 보내 드릴게요.
프론트엔드 개발자 : 감사합니다. API 문서에서도 추가 부탁드립니다.
백엔드 개발자 : API 문서에도 빠뜨렸나 보네요. 제가 추가해 놓을게요. 감사합니다.

이 상황은 프론트엔드 개발자가 메인페이지에 접속해 GET 요청을 보냈는데, 원하는 key 값이 빠져 있다고 이야기하고 있다 (JSON 응답값에 product_name이라는 key가 누락되어 응답이 오고 있는 상황이다). 그 이후에 백엔드 개발자가 해당 key를 응답에 추가해 주겠다고 이야기하고, API 문서에도 추가를 요청하면서 이야기가 마무리된 다(API 문서는 프론트엔드 개발자와 백엔드 개발자가 서로 요청하는 API URL과 그것에 대한 응답값들을 모아 놓은 문서이다).

이제 개발자들의 대화도 어느 정도 이해가 되지 않는가? 이처럼 개발도 지속적으로 효율성을 추구하면서 발전해 왔다. 그러니 너무 어렵게만 생각하지 않아도 된다. 이 정도만 알아도 개발자와 소통하는 데 큰 도움이 될 것이다.

프레임워크와
라이브러리

우리가 개발언어를 배웠다고 해서 웹이나 앱을 뚝딱 만들 수 있을까? 그렇게 기대하며 공부를 시작했는데, 막상 현실은 그렇지 못하다. 대부분의 사람들은 개발언어를 어느 정도 배우면 웬만한 웹사이트 하나는 충분히 만들 수 있을 거라 기대한다. 하지만 개발언어를 배운다고 해서 우리가 할 수 있는 일은 생각보다 많지 않다. 해당 언어를 통해 알고리즘(개발을 통해 수학문제나 퀴즈를 해결하기 위한 절차나 방법) 정도를 해결하는 수준이라고 보면 된다.

그렇다면 우리가 개발언어를 배워 사이트를 만들려면 어떻게 해야 할까? 우리가 상상하는 서비스를 제대로 개발하기 위해서는 개발언어에 맞는 '프레임워크'라는 것을 추가로 배워야 한다.

프레임워크

———————— 그럼, 우선 프레임워크의 사전적 의미를 먼저 살펴보자. (네이버 지식백과(두산백과))

"프레임워크란 소프트웨어 어플리케이션이나 솔루션의 개발을 수월하게 하기
위해 소프트웨어의 구체적 기능들에 해당하는 부분의 설계와 구현을 재사용
가능하도록 협업화된 형태로 제공하는 소프트웨어 환경을 말한다."

역시나 말이 어렵다. 프레임워크란 우리가 개발을 쉽게 할 수
있도록 도와주는 도구 또는 툴이라고 생각하면 된다. 예를 들어
우리가 집에서 부대찌개를 먹고 싶다면 햄, 소시지, 라면사리 등
각각의 재료를 사와야 한다. 또는 한 번에 먹을 만큼 재료들이 포
장되어 있는 부대찌개 밀키트를 이용할 수도 있다.

만약 당신에게 직접 만들어 먹는 것과 밀키트 중에 선택하라
고 하면 무엇을 선택할까? 여기에는 각각의 장단점이 있다. 직접
만들어 먹게 되면 내가 먹고 싶은 종류의 햄을 선택할 수 있고, 다
양한 재료를 넣어 여러 가지 맛을 낼 수도 있다. 하지만 손이 많
이 가고 시간이 오래 걸린다. 반대로 밀키트를 이용하면 편하기
는 하지만, 밀키트에 들어있는 재료에 맞춰 정해진 대로 부대찌
개를 만들어야 한다(물론 커스텀할 수 있지만 지금은 그런 가정은 넣어두자).

개발 역시 여기에 빗대어 표현할 수 있다. 우리가 간단한 홈페이지를 만들고자 한다면 HTML과 CSS 등을 이용해 혼자서 만들수는 있다. 하지만 이 경우에도 꽤 많은 시간과 노력이 필요하다. 그래서 우리는 개발을 쉽게 할 수 있도록 도와주는 도구, 즉 밀키트를 이용해야 한다. 이게 바로 프레임워크이다. 예를 들어 우리가 서버를 개발한다면 데이터베이스에 연결하는 과정을 거쳐야하는데, 프레임워크를 이용하면 코드 몇 줄만으로 완성이 된다. Django(장고)라는 프레임워크는 관리자 페이지를 기본적으로 제

Django에서 제공해 주는 기본적인 관리자 페이지

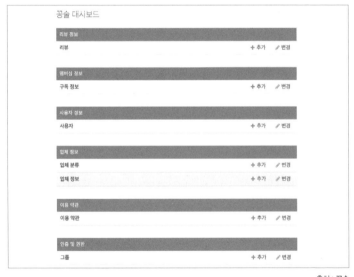

출처 : 꽁술

공하기 때문에 데이터베이스 설계만 하면 알아서 관리자 페이지를 만들어 준다.

프레임워크를 사용하기 위해서는 각각의 프레임워크에서 정한 규칙에 따라야 하는데, 그럼에도 불구하고 개발자들이 프레임워크를 사용하는 이유는 생산성이 극단적으로 높아지기 때문이다. 그래서 우리는 개발언어를 배우고 난 뒤, 그 언어에 맞는 프레임워크를 배우게 된다.

Java는 Spring(스프링)이라는 프레임워크가 있고, Python은 Django(장고)와 Flask(플라스크), JavaScript는 React(리액트)와 Vue(뷰), React native(리액트네이티브) 등의 프레임워크가 있다. 이처럼 하나의 개발언어에 여러 개의 프레임워크가 존재하는데, 프레임워크마다 제공하는 기능이 다르고 각각의 장단점이 있기 때문에 대중적이면서 본인에게 맞는 프레임워크를 사용하면 된다.

Progamming language　　　　**Framework**　　　　**Service**

일반적으로 6개월 과정의 교육기관 커리큘럼을 보면 2개월은 개발언어를, 2개월은 프레임워크를, 2개월은 실제 프로젝트를 진행한다. 전체 기간 중 1/3을 차지할 정도로 프레임워크는 개발에서 꽤 중요한 부분을 차지하고 있다. 그리고 프레임워크를 제대로 알고 있어야 '개발언어를 배우면 나도 바로 개발을 할 수 있겠지'라는 오판에서 벗어날 수 있다.

라이브러리

─────────── 프레임워크가 개발을 쉽게 도와주는 도구라면, 라이브러리는 조금 더 작은 개념인 '액세서리'라고 생각하면 쉽다. 부대찌개 밀키트에 들어있는 햄이 마음에 들지 않으면 집에 있는 다른 햄으로 바꾸거나 오뎅을 좋아한다면 오뎅을 추가하면 된다. 여기서 다른 햄과 오뎅이 라이브러리라고 보면 된다. 즉, 웹사이트에 달력을 넣어야 하는데 프레임워크에서 기본적으로 제공하는 달력 디자인이 마음에 들지 않으면 다른 개발자들이 만들어 놓은 다양한 형태의 달력을 사용할 수 있다. 이렇게 다양하게 만들어 놓은 달력 등의 액세서리를 라이브러리라고 한다.

다양한 색상의 달력 라이브러리

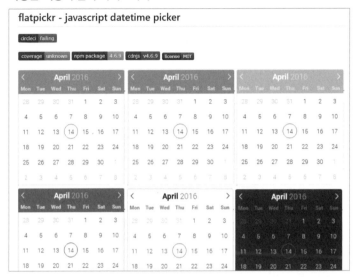

출처 : https://github.com/flatpickr/flatpickr

　라이브러리는 프레임워크 안에서 우리가 원하는 것을 찾아 사용할 수도 있고, 다른 개발자들이 만들어 놓은 것을 가지고 와서 사용할 수도 있다. 달력을 예로 들었지만 시계, 드래그앤드롭, 지도, 버튼 등 우리가 사이트를 이용하면서 마주하는 대부분의 것들이 라이브러리로 만들어져 있다. 이것을 적재적소에 잘 찾아서 사용하는 것 역시 개발자의 실력이다.

시계 라이브러리

출처 : http://flipclockjs.com/

　　이미 만들어져 있는 것을 굳이 다시 만들 필요는 없다. 이것
은 개발자들이 가장 싫어하는 일 중 하나이다. 그래서 개발자들
은 본인이 만든 것, 겪었던 문제, 코드 등을 항상 공유하는 문화를
가지고 있고, 이런 문화 덕분에 초보 개발자도 성장해 나갈 수 있
다. 개발 안에서 우리는 모두 아군이다.

웹 WEB

우리가 어떤 서비스를 만들고자 한다면 이 서비스를 웹으로 할지 앱으로 할지 결정해야 한다. 물론 두 가지를 모두 만드는 것이 좋겠지만, 웹과 앱은 만드는 방법이 다르다. 따라서 다양한 리소스를 투입할 수 있는 상황이 아니라면 우선순위를 정해 하나를 선택해야 한다. 그럼 지금부터 웹과 앱에 대해, 그리고 각각의 장단점에 대해 알아보자.

웹브라우저

먼저 웹이다. 앞에서도 이야기했지

만 기본적으로 웹은 HTML과 CSS, JavaScript로 구성된다. HTML로 만든 간단한 예제 코드는 다음과 같다.

```
<!DOCTYPE html>
<html>
  <head>
    <title>Lake Tahoe</title>
    <link rel="stylesheet" href="css/style.css">
  </head>
  <body>
    <header>
      <span>Journey through the Sierra Nevada Mountains</span>
      <h1>Lake Tahoe, California</h1>
    </header>
    <p>
      Lake Tahoe is one of the most breathtaking attractions located in California. It's
home to a number of ski resorts, summer outdoor recreation, and tourist attractions. Snow
and skiing are a significant part of the area's reputation.
    </p>
    <a href="#">Find out more</a>
  </body>
</html>
```

이 코드를 해석하여 화면에 보여주기 위해서는 웹브라우저가 필요하다. 우리가 브라우저(크롬, 익스플로러, 사파리, 웨일 등)에 접속해 특정 URL을 치거나 검색하여 웹사이트에 접속하면 웹브라우저에서는 그 사이트의 서버로 요청을 보내 해당 사이트의 HTML, CSS, JavaScript를 불러와 이 코드들을 해석해 우리가 볼 수 있는 화면으로 보여준다. 이처럼 중간에 웹브라우저가 없다면 우리는 특정 사이트에 접속하는 것도 쉽지 않으며, 또한 받아온 응답값을 하나하나 해석해야 한다. 그 역할을 중간의 웹브라우저가 해주는 것이다.

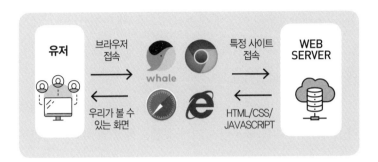

유저 | 브라우저 접속 → whale | 특정 사이트 접속 → | WEB SERVER

우리가 볼 수 있는 화면 ← HTML/CSS/ JAVASCRIPT ←

웹 프론트엔드 개발자는
오늘도 고통받는다

──────────   하지만 다양한 종류의 웹브라우저가
있다 보니 개발자들이 고통을 받고 있다. 각각의 브라우저에 맞
도록 웹을 만들어야 하기 때문이다. 그중 개발자들이 MS의 익스
플로러 웹브라우저를 특히 안좋아 하는데, 그 이유를 알아보자.

웹브라우저가 유저와 서버와의 중간 역할을 해주면서 편리한
점도 많지만, 웹브라우저의 종류가 많다 보니 문제도 많다. 개발
자들이 작성한 HTML, CSS, JavaScript를 웹브라우저들이 제멋대
로 해석하게 되면 개발자의 의도와는 다르게 화면에서는 여러 가
지 형태로 보일 수 있다. 이런 문제를 방지하기 위해 웹표준이라
는 것을 정의해 놓았다.

즉, HTML/CSS는 W3C, JavaScript는 ECMA라는 표준이 정해

져 있어 개발자들은 이것에 맞추어 코드를 짜고 웹브라우저에서는 화면에 보여준다. 이렇게 약속을 정해 놓으니 개발자의 입장에서는 매우 합리적이다.

하지만 이런 약속이 오래 가지 않았다. 1990년대 후반의 웹브라우저 시장은 익스플로러가 거의 독점을 하고 있었다. 마이크로소프트에서 개발한 익스플로러가 모든 컴퓨터에 기본적으로 깔려 있다 보니 이런 독점적 시장에서 익스플로러가 굳이 웹표준을 지킬 이유가 없었다. 그리고 많은 유저들이 익스플로러를 사용하고 있으니 개발자들은 어떻게든 익스플로러에서 제대로 보여지

웹브라우저의 시장점유율

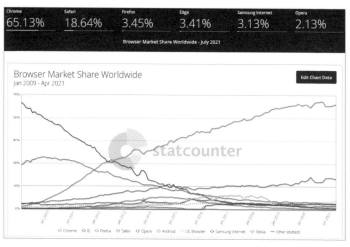

출처 : StatCounter Global Stats

기 위해 몇 배나 더 많은 시간을 투입하여 개발을 하는 상황이 지속되었다.

다행히도 2000년대 후반에 나온 크롬, 사파리 등은 웹표준에 맞는 웹브라우저를 개발했고, 이로 인해 2009~2021년까지 웹브라우저 사용률 데이터를 보면 70%에 육박하던 익스플로러가 현재는 5%도 채 되지 않고, 1%였던 크롬은 무려 65%까지 성장했다.

사용자들이 익스플로러를 사용하지 않게 되면서 개발자들은 더 이상 익스플로러에 휘둘리지 않고 웹표준에 맞게 개발하게 되었고, 웹브라우저들마다 큰 차이가 없이 제대로 보여지고 있다. 하지만 아직까지도 익스플로러를 사용하는 유저들이 있기 때문에 개발자들은 오늘도 힘들게 작업을 하고 있다.

웹과 앱의 차이점이라면, 웹은 공통된 브라우저를 통해 볼 수 있으므로 앱처럼 운영체제(Android, IOS)에 따라 다르게 개발할 필요가 없고, 개발이 쉬우며, 앱을 따로 설치하지 않아도 되어 접근성이 높다는 장점이 있다. 반면 인터넷에 연결이 되어야만 접근이 가능하다는 점, 앱보다는 사용성 최적화 측면에서 접근성이 떨어진다는 점, 그리고 앱에서 사용할 수 있는 다양한 기능들에 제약이 있다는 점 등은 단점으로 꼽을 수 있다.

앱 App

　전 국민이 스마트폰을 사용하게 되면서 우리는 이제 웹보다 앱을 더 많이 이용하고 있다. App은 Application(응용프로그램)의 줄인 말로, OS 기반에 설치하여 사용한다. 여기서 OS ^{Operating System}란 운영체제를 말하는데, 컴퓨터나 스마트폰을 효율적으로 관리하고 제어하며 작동하기 위해 만들어진 소프트웨어이다. 데스크탑과 노트북의 OS로 Window와 MacOS가 있다면, 스마트폰의 OS에는 크게 Android와 IOS가 있다.

앱 : 왜 자꾸 우리에게
업데이트를 하라고 할까?

———————————— Window에서 쓰는 프로그램을 Mac
에서 바로 사용할 수 없듯이 Android의 앱을 IOS에서 바로 사
용할 수 없다. 그래서 앱에 대해 알기 위해서는 기본적으로
Android와 IOS에 대해 알아야 한다.

각각의 OS가 서로 호환되지 않기 때문에 개발자는 구글의
Android와 애플의 IOS에 맞춰 각각의 앱을 따로 개발해야 한다.
플레이스토어 Android에는 있는데 앱스토어 IOS에는 없다거나, 앱스
토어에는 있는데 플레이스토어에는 없는 이유가 이 때문이다. 다
행히 최근에는 한 번의 개발로 Android와 IOS 모두 사용할 수 있
는 기술들이 등장하고 있다.

App의 가장 큰 특징은 '설치'를 해서 사용해야 한다는 것이다.
개발자들이 스마트폰 App을 개발하면 APK(IOS는 IPA)라는 설치파
일을 만드는데, 개발자들은 이 파일App을 구글과 애플 각각의 스
토어에 심사를 신청하고 문제가 없으면 승인 후 게시가 된다. 그
리고 사용자들이 플레이스토어와 앱스토어에 올라와 있는 App
을 다운받으면 바로 이 APK 파일이 스마트폰에 설치되어 App을
이용할 수 있다. 이것이 우리가 App을 다운받고 실행하는 과정
이다.

그런데 우리가 앱을 이용하다 보면 불편한 점이 있는데, 바로 업데이트에 대한 부분이다. 앱을 설치한지 얼마 되지 않았는데도 업데이트 요청이 계속 오면 매우 불편하다. 그래서 일부러 앱을 업데이트하지 않고 사용하는 경우도 많다. 하지만 업데이트 역시 개발자에게는 필연적인 과정이다. 사용자들이 앱을 설치하여 사용하는 과정에서 생각지 못했던 버그가 일어날 수 있는데, 개발자들이 버그를 수정하여 이 수정된 파일을 고객에게 전달하기 위해서는 다시 스토어에 올리는 방법밖에 없다. 이때 사용자에게 업데이트를 하라는 알림이 뜨게 되는 것이다. 보통 초기 서비스를 런칭하는 과정에서는 업데이트가 잦을 수밖에 없다 보니 고객들의 불편을 최소화하기 위해 개발자들은 사전에 수많은 QA 과정을 거친 후 신중에 신중을 기해 스토어에 올리게 된다.

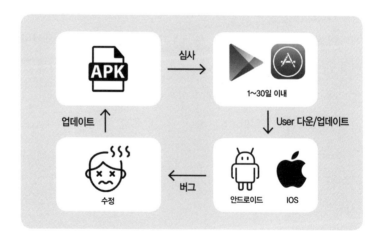

이런 불편함이 있어도 앱의 경우는 일단 설치만 하면 고객들이 따로 웹브라우저를 통해 들어가지 않아도 되며, 이미 설치된 이후에 사용하기 때문에 속도가 빠르다는 장점이 있다. 그리고 이제 스마트폰이 없는 사람이 없다 보니 회사에서는 서비스를 더 대중적으로 알리기 위해 앱을 개발해 런칭하는 경우가 많아졌다.

이에 비해 웹의 경우는 고객들이 웹사이트에 들어올 때마다 웹브라우저에서 서버와 통신하여 매번 새롭게 코드를 받아오므로 문제가 있을 때마다 바로 수정하여 우리 서버에만 업데이트해주면 된다는 장점이 있다.

최근에는 앱의 틀만 가지고 내부는 모두 웹으로 동작하는 하이브리드 앱이 각광받고 있다. 하지만 이 경우 웹으로 동작하다 보니 인터넷이 되지 않는 곳에서는 이용할 수 없으며, 앱에서 자연스럽게 사용하던 기능들을 자유롭게 쓸 수 없다는 제약이 있다.

앱과 웹 모두 장점과 단점이 있다 보니 '앱이 더 좋다'거나 '웹이 더 좋다'라고 단정적으로 말하기는 어렵다. 따라서 각자의 서비스 또는 상황에 맞추어 적절하게 개발하면 된다.

PART 3

개발자가 되려면

어떻게 해야 하나요?

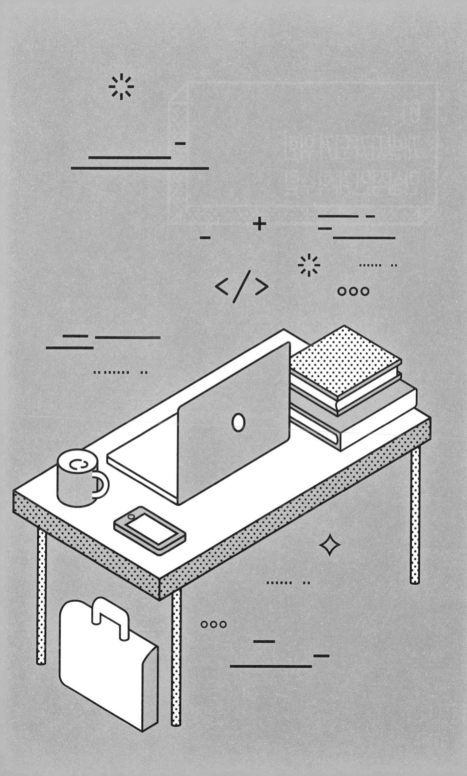

01
개발자가 되기 위한
현실적인 계획 수립

개발 공부를
시작하기 전에

——————————— 누구나 개발자가 될 수 있다. 물론 좋은 개발자가 되기 위해서는 적성에 잘 맞아야겠지만, 그것이 아닌 직업인으로서 개발자가 되는 것은 생각보다 그렇게 어렵지 않다.

앞서 이야기했듯이 현재 당신의 상태(나이, 비전공, IQ, 적성 등)가 어떻든 간에 방향을 잘 잡고, 6개월 정도 꾸준하게 공부할 수 있다면 누구나 개발자로 입문할 수 있다.

적성에 잘 맞을지, 그리고 개발자를 해볼지 말지 고민하고 있을 시간에 빠르게 공부를 시작해 최대한 빨리 개발자의 길을 걸으며 그것이 본인이 꿈꾸던 것이 맞는지 파악해 보는 것이 좋다. 누군가는 6개월 동안 개발자를 할지 말지 고민하며 방황할 때, 누군가는 그 시간에 일찍 공부를 시작하여 개발자로 취업을 한다. 물론 좋은 개발자로 성장하는 것은 그 이후의 본인의 몫이겠지만 말이다.

개발 공부는 평소 우리가 하던 공부와 다르다

───────────

나에게도 개발자를 준비하기 전에 돈을 벌어야 하는 시기가 있었다. 개발자가 되기로 마음을 먹고 바로 공부를 시작하려고 했지만 아무래도 먹고 사는 문제가 걸렸다. 본격적으로 공부에 집중하려면 어느 정도 돈이 좀 필요할 것 같아 공부를 시작하기 전 약 9개월 동안 직장생활을 하며 학원비를 모으는 과정이 있었다. 지금 돌이켜보면 이 기간 동안 '개발 공부'를 전혀 하지 못한 것이 가장 후회가 된다.

원래 계획은 직장에 다니며 책과 인터넷 강의를 통해 기초적인 개발 공부를 마칠 예정이었다. 하지만 '회사 일이 힘들다' '이제 곧 공부를 본격적으로 할 것이니 그 전에 좀 쉬자'는 유혹에 빠졌다. 또 나는 매일 조금씩 공부하는 것보다 하루 12시간씩 온종일 몰입해 공부하는 게 훨씬 효과가 크다는 생각에 공부를 계속 미루기만 했다. 과거 군대를 다녀와 5개월간의 짧은 시간 동안 수능을 준비하는 과정을 거치면서 '공부를 할 거면 하루 12시간 이상 몰입해서 해야 의미가 있다'는 생각을 가지고 있었기 때문이다.

결국 나는 9개월이란 시간을 회사 일만 하며 공부를 멀리했다. 그리고 막상 공부를 시작하고 나서는 무엇을 해야 할지 몰라 2개월이라는 시간을 우왕좌왕하면서 이것저것 찔러보다 무의미하게 보냈다. 이후에 개발을 공부하며 느끼게 된 것이지만, 이 시간을 제대로 활용해 개발의 기초를 쌓았더라면 이후 공부하는 과정이 좀 더 효과적이었을 거라는 아쉬움이 남았다.

본격적으로 개발 공부를 시작하면서부터는 하루 12시간씩 공부를 했다. 하지만 개발 공부는 과거에 했던 '수능 공부'와는 확실히 달랐다. 수능 공부는 시험 날짜와 범위가 명확히 정해져 있어 딱 거기까지만 잠을 덜 자면서 공부하면 어느 정도 원하는 성취를 이룰 수 있었다. 그에 비해 성인이 되어 하는 공부의 대부분은 끝이 없다. 특히 개발 공부를 시작하고 깨달은 것이 있다면 끝이 없는 공부는 하루 12시간 이상 집중해서 하기가 굉장히 어렵다는 것이다. 끝이 있다면 계획을 세워 해당 범위까지 보고 반복하고 그러면서 숙달되는 과정을 거치겠지만 개발 공부는 그렇지 않았다.

그러다 보니 공부를 중도에 포기하는 경우도 의외로 많다. 함께 개발 공부를 하다 다시 본인의 일로 돌아간 한 친구도 이런 이유로 개발자의 길을 포기했다.

"기존에 나는 하드웨어를 유지보수하는 일을 하고 있었는데, 이 분야는 업계의 변화속도가 크게 빠르지 않아 2~3년 정도 열심히 하다 보면 어느 정도 업무에 적응되어 크게 뒤처지는 느낌 없이 인정받으며 일할 수 있었어요. 그런데 소프트웨어 업계는 변하는 속도가 너무 빨라서 제대로 준비하지 않으면 바로 뒤처지는 것이 보일 정도여서 개발자가 된 뒤에도 공부를 멈출 수가 없는 환경이었어요. 평생을 공부하면서 일을 해야 한다는 게 나에게는 너무 큰 압박이었어요. 그래서 개발자의 길을 이 정도에서 포기하고 다시 내가 하던 일로 돌아가기로 했습니다. 하지만 조금이나마 개발을 공부했던 것은 앞으로 내가 하드웨어 쪽 일을 계속하는데 있어서 큰 도움이 될 거예요."

이렇게 끝이 어디인지 알 수 없는 공부를 해가면서 내가 지금 잘하고 있는지 의심이 들 때가 많았고, 이전 9개월 동안 회사를 다니면서 하루 1시간씩이라도 개발 공부를 했다면 시작점에서 많은 차이가 있었을 수 있겠다는 생각이 들었다. 그러던 중 '노력'이라는 말의 정의도 바뀌게 되었다.

"노력은 하루 10시간씩 5개월, 6개월 하는 것이 아니라 하루 30분이든 1시간이든 본인이 할 수 있는 만큼을 3년, 5년 이상 하는 것이다."

과거의 공부 과정을 거치면서, 그리고 성인이 되어 개발 공부를 하면서 느낀 점은 평소에 꾸준히 노력하는 것이 가장 중요하다는 것이다. 물론 하루 12시간씩 몰입해서 공부하는 것도 필요하겠지만 평상시 상황에서 우리에게 필요한 것은 바로 하루 30분 또는 1시간씩의 지속적인 노력이었다.

개발 공부는
작게 시작하자

──────────── 현재 당신이 학교에 다니거나 직장에 다니고 있어 지금 당장 공부에 전념할 수 있는 상황이 되지 않는다면 하루에 30분 또는 1시간씩이라도 시간을 쪼개 개발 공부를 시작했으면 좋겠다. 이때 개인적으로 추천하고 싶은 책은 〈DO it〉 시리즈이다. 이 책은 하루 1시간씩 한 달이면 한 주제의 개발언어를 익힐 수 있도록 구성되어 있다. 입문자들에게 꼭 필요하고 중요한 문법 내용들을 담아놓았는데, 처음에는 이 정도로도 충분하다. 당신이 만약 6개월 뒤부터 본격적으로 개발 공부에 몰입해 개발자가 되겠다고 마음먹었다면 지금 당장 하루 30분 ~1시간씩이라도 개발 공부를 시작하자. 그럼 6개월 뒤 당신의 모습은 완전히 달라질 것이다.

개발자를 준비하고 있다면

개발 공부를 시작하며 개발자가 되기로 마음먹었다면 가장 먼저 해야 할 일은 무엇일까? '일단 컴퓨터 기초 책을 산다' '일단 학원을 등록한다' '일단 개발 공부를 시작한다' 등 여러 가지가 있을 수 있다. 물론 여기에는 정답이 딱히 없기에 내 생각을 이야기해 보려고 한다.

개발자를 준비하기 전에
결정해야 하는 것

───────────────

개발자도 직업이다. 만약 당신이 운

동선수라는 직업을 가지고 4년 뒤에 올림픽에 나간다고 하면 지금 당장 무엇을 할 것인가? '기초체력 훈련을 할 것이다'와 같은 대답이 나올 수 있겠지만, 이 대답을 듣고 나면 인정할 수밖에 없을 것이다.

'내가 출전할 운동 종목을 먼저 선택할 것이다'

결국 운동 종목에 따라 해야 하는 운동이 완전히 달라지기 때문에 너무나도 자연스럽게 이 말에 공감할 것이다. 그런데 정말 아이러니하게도 우리가 개발자를 준비할 때, 또 개발자가 되겠다고 마음먹으면 일단 개발 기초에 대한 책을 사거나 강의부터 듣기 시작한다. 무엇을 해야 할지 정확히 알아보지도 않고 '요즘 대세가 Python이다'라는 말만 듣고 일단 Python 책을 사고 인터넷 강의를 신청한다. 그런데 사실 이런 부분 때문에 개발자로 입문하는데 가장 많은 시간을 허비하게 된다.

앞에서 설명했던 대로 개발에는 다양한 분야가 있고, 분야에 따라 해야 하는 공부가 전혀 다르다. Python 언어를 배우면 백엔드 쪽을 만들 수는 있지만 프론트엔드 쪽을 만들 수는 없다. 본인이 만약 프론트엔드 개발자가 되고자 한다면 다짜고짜 공부했던 Python이 무용지물이 될 수 있다(물론 조금의 도움은 될 수 있다).

그렇기에 본인이 개발자를 하고자 마음먹었으면 가장 먼저 해야 할 일은 본인이 하고자 하는 개발분야를 정하는 것이다. 물론 처음 입문 과정에서 내가 프론트엔드가 잘 맞는지, 백엔드가 잘 맞는지는 알 수 없다. 결국 이 부분도 본인이 직접 경험해 보지 않으면 판단하기 어려울 것이고, 현업에 입문해 일을 하는 과정에서도 이게 나에게 잘 맞는지 확인하는 게 쉽지 않다. 그래서 무턱대고 주위의 말만 듣고 무작정 시작하기보다 일단은 본인이 직접 눈에 보이는 앞의 화면을 만드는 것들을 좋아하는지, 아니면 다양한 예외 케이스들을 생각하면서 뒤쪽의 로직적인 부분을 만드는 것을 좋아하는지 진지하게 생각해 보는 시간을 가져야 한다. 즉, 스스로 적성검사의 시간을 가져보는 것이다. 이 부분은 그동안 내가 살아왔던 과정을 대입해 보면 결정내리는 데 도움이 될 수 있을 것이다.

당신이 결과물을 바로바로 확인하는 것을 좋아하거나 꾸미는 것을 좋아하고 디자인에 관심이 있다면 프론트엔드가 잘 맞을 확률이 높다. 프론트엔드 쪽을 결정했다면 웹을 할지 앱을 할지 결정해야 한다. 본인이 만들고 싶은 게 웹인지 앱인지에 따라 공부해야 하는 것들이 달라지기 때문에 이 부분도 미리 결정해야 한다. 요즘은 앱 안에서도 웹으로 구성되어 있는 부분이 많고, 웹의 사용성 또한 점점 높아지고 있기는 하지만 처음 공부할 때는 하나를 정해서 시작하는 것이 좋다. 그리고 앱을 하겠다고 결정했으면 Android와 IOS의 두 가지 중 하나를 선택해야 한다.

이처럼 개발을 공부하기에 앞서 본인의 성향에 맞는 분야를 선택하는 것이 우선이다. 더 다양하게 세분화될 수 있지만 크게 다음과 같이 구분될 수 있다.

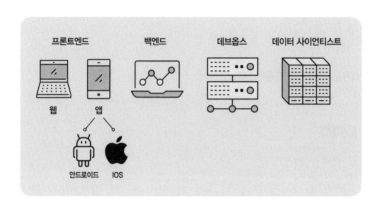

이처럼 개발분야를 먼저 정하지 않으면 무엇부터 공부해야 할지 몰라 이것저것 손만 대다 시간만 낭비하게 된다. 물론 한 분야의 개발자가 된 다음에는 풀스택(프론트엔드, 백엔드 모두 할 수 있는 개발자) 개발자가 되기 위해 노력해야 되겠지만 처음 입문할 때는 꼭한 분야를 정해 시작하기 바란다. 참고로 특정 분야의 개발자가 된 경우에도 일정 기간이 지나면 백엔드에서 프론트엔드로 또는 프론트엔드에서 백엔드로 이동하는 경우가 많으니 처음 선택을할 때 너무 큰 걱정을 하지 않아도 된다. 나 역시도 회사에서는 백엔드를 개발하고 있지만, 사이드 프로젝트를 할 때는 프론트엔

드 쪽도 하고 있다. 그러니 지금은 개발자로 '시작'하는 분야를 정한다고 생각하고 본인의 마음이 가는 쪽으로 정하고 시작해도 큰 문제가 없을 것이다.

다음의 글은 백엔드 개발자인 필자의 프론트엔드 첫 도전기이다. 한 번 읽어보면 도움이 될 것이다.

백엔드 개발자의 프론트엔드 도전기

출처 : '쌀 팔다 개발자' 블로그(https://daeguowl.tistory.com/185)

02
개발은 어디에서 배울 수 있나요?

부트캠프

최단기간에

개발자가 되는 루트

———————————— 부트캠프 Boot Camp 는 '신병 훈련소'라
는 뜻으로, 단기간(3~6개월)의 체계적인 교육을 통해 개발자를 양
성하는 사설학원이라고 생각하면 된다. 국비 교육의 경우 나라
에서 지원을 받아 운영되는 반면, 부트캠프는 사설학원이다 보니
학생들의 취업률이 중요한 지표가 되기 때문에 짧은 기간 동안
양질의 교육을 제공하기 위해 노력한다.

부트캠프는 사설로 운영되는 학원이다 보니 한 달에 수강료가
100~300만원 정도로 부담이 적지 않은 편이다. 하지만 많은 공

부량과 수준 높은 커리큘럼 등 온전히 개발에 집중할 수 있는 환경을 만들어 준다는 점과 수료 이후 취업과 연계되어 있다는 것이 큰 장점이다. 부트캠프의 경우 수강생을 유치하기 위해서는 전 기수의 사람들이 얼마나 취업을 많이 했고, 또 어떤 회사에 취업을 했는지가 중요한 지표가 된다. 입시학원에서 서울대·고려대·연세대와 같은 명문대학에 몇 명이나 보냈다고 자랑하는 것과 같은 이치이다.

회사에서도 이왕이면 체계적인 교육을 받은 신입개발자를 원하기 때문에 부트캠프와 채용 연계를 맺고 있다. 보통 부트캠프 수강생들이 수료할 즈음이면 수강생의 이력서가 협력회사로 바로 연결이 되고, 이후 면접을 통해 취업까지 이어지기도 한다.

자기주도학습과
팀 프로젝트

———————————————— 부트캠프는 쉽게 설명하기 위해 학원이라는 표현을 사용했지만, 일반적인 IT학원과는 좀 다른 면이 있다. 일단 부트캠프에서는 자기주도적인 학습을 강조한다. 개발자는 스스로 학습하는 것이 중요하고, 모르는 게 있으면 스스로 찾아보고 해결하는 자세로 계속 공부하며 배워나가야 한다. 그

러다 보니 기존에 우리가 학교에서 받았던 주입식 수업과는 많은 점에서 다르다.

개발은 응용력과 문제해결능력이 많이 요구되는 분야여서 부트캠프에서는 수업은 최대한 줄이고 (부트캠프마다 차이는 있지만 보통 하루 2시간씩 주 2회(4시간 정도의 수업)) 대부분의 시간에 과제를 주어 스스로 해결할 수 있는 능력을 기르도록 유도한다. 그런데 이렇게 하다 보면 '한 달에 100만원 이상의 수강료를 내면서 학원에 다니는데 수업은 몇 시간 안 되고 과제만 할 거면 그냥 집에서 하지 왜 여기서 돈을 내고 수업을 들어야 할까?'라는 아쉬움이 생길 수 있다. 하지만 부트캠프는 이런 자기주도적인 학습과 팀 프로젝트를 통해 원활한 소통과 능동적인 문제해결능력을 키울 수 있다는 것이 가장 큰 장점 중 하나다. 이처럼 하루에 12시간씩 공부할 수 있는 환경을 만들어 주고 개발자를 꿈꾸는 사람들이 함께 모여 개발 공부를 할 수 있도록 해주는 것이 부트캠프를 선택하는 가장 큰 이유가 아닌가 싶다. 다음은 부트캠프에서 수강 중인 A씨의 인터뷰다.

"처음 프로그래밍을 접하는 사람은 혼자 공부할 때 방향성을 잡지 못해 시간을 낭비할 수 있습니다. 제가 그랬거든요. 그런 점에서 부트캠프는 비용적인 부담이 크기는 하지만, 개발분야의 지식이 적은 비전공자들이 입문할 때 전체적인 가이드라인을 제시해 주기 때문에 효율적인 거 같아요.

부트캠프에서 공부하면서 느낀 장점은 어떤 기술 스택을 먼저 배워야 할지 고민하지 않아도 되기 때문에 취업이 급한 사람들에게는 효율적으로 시간을 운용할 수 있습니다. 팀원들이 함께 공부하기 때문에 절대적인 공부시간도 많아집니다. 또 프로그래밍에 관심이 있는 사람들이 모였기 때문에 취업이나 개발 관련 정보를 쉽게 얻을 수 있어요.

그리고 기존에 프로그래밍을 접하지 않은 사람들은 프로젝트를 어떻게 진행하는지에 대한 경험이 없다 보니 기술 스택을 쌓았다고 해도 현업에서 어떻게 개발이 이루어지는 알 수가 없죠. 그런데 여기에서는 여러 개의 프로젝트를 경험함으로써 비즈니스 로직, git을 이용한 협업, 제품/서비스 기획을 경험할 수 있었어요.

부트캠프의 단점이라면 팀원 간 지식의 격차가 있을 수밖에 없기 때문에 실력이 떨어지는 사람은 심리적 압박감을, 실력이 좋은 사람은 프로젝트의 효율이 떨어진다는 생각을 가지게 되요. 또 사람마다 이해 능력과 이해 속도가 다른데, 여기서 뒤처지는 사람들은 짧은 시간에 효율을 내려는 부트캠프에서는 따라가기가 쉽지 않아요. 그리고 다양한 부류의 사람들이 모여 팀을 이루다 보니 인간관계로 인한 갈등이 일어날 수 있고, 심한 경우 팀 탈퇴까지 이어지는 경우도 목격했어요.

이런 장단점이 있지만 프로그램에 대한 지식이 조금이라도 있다면 다른 곳에서 헤매기보다 부트캠프에서 집중적으로 공부하는 것을 추천하고 싶습니다."

이런 점에서 하루 종일 시간을 낼 수 있고, 금전적으로 큰 부담이 되지 않는다면 부트캠프를 선택해 볼 만하다. 이때 부트캠프를 다니기로 했다면 본인에게 적합한 부트캠프를 잘 선택해야한다. 앞에서 이야기했듯이 개발분야는 너무나 다양하기 때문에 처음 입문할 때 본인의 적성에 맞고 관심이 있는 분야에 집중할 수 있는 부트캠프를 가야 한다. 부트캠프마다 주로 가르치는 분야가 다르니 프론트엔드를 양성하는 과정인지 백엔드를 양성하는 과정인지도 꼼꼼하게 체크해야 한다.

부트캠프는 보통 3~6개월의 기간 동안 운영되는데, 개강하는 시기를 놓치면 최장 6개월까지 기다려야 할 수 있으니 개강시기도 잘 체크해야 한다. 이때 본인이 원하는 분야의 개강시기를 놓

대한민국 부트캠프 비교

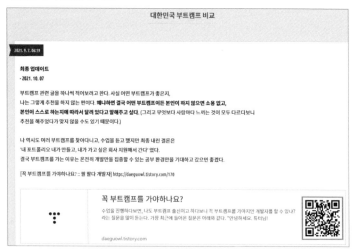

출처 : '쌀 팔다 개발자' 블로그(https://daeguowl.tistory.com/199)

쳤다고 다른 분야의 과정을 선택하게 되면 시간과 돈 모두를 날릴 수 있으니 주의가 필요하다.

부트캠프에 대해서는 포털 사이트에 검색하면 자세히 알 수 있는데, 내 블로그에 관련 내용을 지속적으로 업데이트하고 있으니 참고하기 바란다.

국비지원 학원

무료로 배우고,
지원금도 받을 수 있다

──────────── 국가에서 청년들을 지원해 주기 위
한 제도로 운영하는 국비지원 학원에서는 주로 코딩 교육이 진행
된다. 국비지원 학원의 큰 장점은 대부분의 수업이 무료라는 점
이다(일부 수업의 경우 70~80% 지원). 그리고 출석률이 70~80%를 넘으
면 매달 30만원 정도의 훈련수당금을 지원한다. 무료 수업에 지
원금까지 받을 수 있으니 꼭 선택지에 넣고 생각해 보면 좋겠다.
하지만 학원마다 교육의 질이 다를 수 있으니 검증된 학원을 잘
선택해야 한다. 무료이고 돈을 받으면서 다닐 수 있다 보니 함께

학습하는 사람들의 열정이 낮을 수 있기 때문이다.

부트캠프의 경우 적지 않은 수업료를 내기 때문에 '한 번 배워 볼까?'라는 단순한 생각으로 시작하는 사람이 상대적으로 적은 데 반해, 국비지원 학원의 경우 금전적인 부담이 적다 보니 조금은 편안한 마음으로 시작하는 사람들이 많은 편이다. 그리고 이런 마음가짐으로 오다 보니 일주일 정도 지나면 몇 명이 나가고, 또 얼마 후에 몇 명이 나가면서 수업 분위기가 점점 나빠지는 경향이 많다.

국비지원 과정의 대부분의 수업들은 Java로 이루어져 있으며, 한 분야만 배우기보다는 풀스택(프론트엔드와 백엔드) 과정이 많다. 처음 시작하는 단계에서 풀스택 과정의 커리큘럼을 보면 '이것저것 다양한 언어를 배울 수 있으니 좋은 거 같다'라고 생각할 수 있지만, 회사에서는 프론트엔드면 프론트엔드 개발자, 백엔드면 백엔드 개발자를 구분해서 채용한다는 것을 항상 기억해야 한다. 당신이 채용자라면 이것저것 조금씩 6개월 공부한 사람과 백엔드만 6개월 공부한 사람 중 누구를 채용할지 생각해 보자. 너무나도 당연한 이야기겠지만 아무것도 모를 때는 다양한 언어를 배우는 것이 훨씬 좋아 보인다. 나 역시도 처음 개발을 시작할 때 아무것도 모르고 주변의 이야기만 듣고 이것저것 시작했다 두 달이라는 시간을 허비했다. 그렇기에 다시 한번 강조하지만 개발을 시작하기 전에 꼭 개발분야를 정하고 시작하기를 추천한다.

열심히 출석해 꾸준하게 공부를 할 수 있다면 국비지원 학원도 충분히 고려할 만하다. 게다가 적은 돈이지만 매달 일정 금액을 지원해 주기 때문에 생활 면에서도 도움이 될 수 있다.

학원의 검증은 필수다

────────────────── 저렴한 비용이라는 장점이 있는 반면, 나의 귀한 시간을 투자하는 것이다 보니 꼭 검증된 학원을 선

택해야 한다. 국비지원 학원의 경우 HRD라는 사이트에서 찾을
수 있다.

직업훈련포털(https://www.hrd.go.kr/) 사이트에 접속하면 다양한
분야의 교육과정과 일정 등을 검색할 수 있다. 여기서 본인이 수
강할 개발분야에 맞는 수업들을 먼저 추린 후 해당 학원들에 대
한 평가를 확인해 봐야 한다. 이때 단순히 학원에 대한 후기뿐만
아니라 강사에 대한 평가도 확인하면 좋다. 학원의 후기가 좋지
않아도 잘 가르치는 강사가 있을 수 있기 때문이다. 하지만 국비
지원 학원의 경우는 새롭게 신설된 학원들이 많다 보니 후기가
많지 않은 편인데, 포털사이트의 개발자 관련 카페에서 정보를
찾거나 문의하는 방법을 추천한다.

온라인 강의

부트캠프는 금전적인 부담이 있고, 국비지원 과정은 수업의 분위기에 문제가 있는 경우가 많다. 그래서 이에 대한 대안으로 온라인 강의를 이용하는 사람들도 많이 있다.

가성비 좋은
온라인 강의들

────────────── 온라인 강의의 가장 큰 장점은 가격이 저렴하다는 것이다. 전 세계적으로 유명한 Udemy 플랫폼에서 Python, Django를 활용한 백엔드 과정의 수강료는 2~20만원

정도이다(정가는 20만원이지만 90% 이상 할인이 많기 때문에 2만원 정도면 수강이 가능하다). 부트캠프에서 400~1,000만원이 드는 과정을 2만원에 들을 수 있으니 가히 가성비 갑이라고 할 수 있다.

그렇다면 온라인 강의의 품질은 어떨까? 가격이 저렴하니까 강의가 별로라고 생각할 수 있지만 결코 그렇지 않다. Python, Django를 활용한 백엔드 과정의 경우 후기가 24만 개가 넘게 있고, 수강 평점은 무려 4.7점이나 된다. 전 세계적으로 많은 개발자들이 강의를 듣고 평가하는 시스템이다 보니 온라인 강의의 퀄리티는 충분히 검증되었다고 볼 수 있다.

그리고 내 시간을 자유롭게 사용할 수 있다는 것 또한 온라인 강의의 큰 장점이다. 부트캠프나 국비지원 학원을 수강하기 위해 하루 종일 시간을 내기 어렵거나 일(알바)을 하면서 공부해야 한다면 최선의 선택이 될 수 있다. 대신 시간을 자유롭게 사용 가능한 만큼 본인이 확실하게 관리를 할 수 있어야 한다. 나 역시 처음 개발을 시작할 때는 혼자 온라인 강의를 들으며 독학을 했었다. 하지만 혼자 해본 결과는 좋지 않았다. 개발 공부를 하다 막히면 책도 보고, 구글링도 해봐야 하고, 유튜브에서도 찾아봐야 하는데, 이 과정에서 구글링을 하고 유튜브 영상을 찾다 보면 어느 순간 흥미로운 기사와 유튜브 영상에 빠져 시간을 보내버리는 경우가 많았기 때문이다. 그러니 웬만큼 자기절제가 되지 않으면 독학이 쉽지 않은 것이 현실이다.

**개발 공부는
시험 공부와는 다르다**
─────────

기존에 우리가 경험했던 수능이나 특정 시험은 끝이 정해져 있고(시험날짜), 범위가 명확하기에 책과 강의를 통해 지속적으로 암기하거나 응용하면 되었지만, 개발분야는 항상 새로운 트렌드가 나오고, 그 범위 역시 끝이 없다 보니 혼자서 온라인 강의만 들으며 지속적으로 공부한다는 것이 결코 쉬운 일이 아니다.

이는 현업 개발자라고 해서 다르지 않다. 실제 개발을 하다 보면 아이디어를 뚝딱 서비스로 만들 수 있을 것 같지만 현실은 그렇지 않다. 항상 관련 분야의 트렌드를 체크하고, 책이나 온라인 강의를 통해 새로운 언어와 프레임워크들을 공부해야 한다. 나 역시도 새로운 것을 익힐 때는 개발을 처음 공부하던 때처럼 '이건 왜 안 되지?' '어, 이건 되네?'라며 궁금해 하기도 하고 신기해 하기도 하며 꾸준히 공부를 하고 있다.

이해보다는
익숙해지는 방향으로

─────────────── 최근에는 개발 공부를 전문적으로 도와주는 플랫폼들이 많이 생겼다. 인프런, 네이버 edwith, udemy, 스파르타코딩클럽, 패스트캠퍼스 등 다양한 온라인 플랫폼에서 맛보기 수업들을 들어보고 선택하면 된다.

그리고 강의를 들을 때 중요한 것은 절대 한 번에 이해하려고 하지 말라는 것이다. 개발이라는 생소한 영역에서 한 번에 무언가를 이해한다는 것은 쉽지 않다. 처음부터 이해하려고 하기보다는 익숙해진다는 개념으로 접근하면 좋다. '이 프레임워크는 이런 형태로 쓰는구나'와 같이 전체적인 흐름 및 사용법에 익숙해진

다양한 온라인 강의 홈페이지

다는 느낌으로 접근하는 것을 추천한다. 하나하나 따라해 보면서 '아, 이렇게 하는 거구나'라고 느끼며 만들어 보는 게 중요하다. '이건 강의에서 하는 것을 똑같이 만든 것이니까 의미 없어'라고 생각하지 말고, 이러한 과정을 통해 익숙해지는 것이니 반복해서 따라하면 된다.

내가 진행하는 온라인 강의에서도 가장 많이 보이는 질문 중 하나가 '이것을 처음부터 혼자 만들라고 하면 도저히 못할 것 같아요'이다. 그렇다. 처음부터 혼자 하려고 하면 쉽지 않다. 하지만 수업을 들으며 강사가 설명하는 코드를 따라하다 보면 자연스럽게 코딩이 익숙해진다. 현업에서도 완전 밑바닥부터 코딩을 하는 경우는 많지 않다. 이미 잘 돌아가고 있는 코드에 살을 덧붙이는 과정부터 시작하기에 큰 부담을 가지지 않아도 된다. 이런 과정들을 반복하면서 어느 정도 개발언어와 프레임워크에 익숙해지면 그때부터 깊이를 더해가면 된다.

개발 공부,
지금 바로 시작하자

온라인 강의를 하다 보면 '꼭 부트캠프에 가야만 개발자를 할수 있나요?'라는 질문을 많이 듣는다. 가장 최근에 들어온 질문은 다음과 같다.

"안녕하세요. 튜터님! 수업 잘 듣고 있습니다. 수업을 듣다 부트캠프에 대해 알게 되었습니다. 그런데 현재 제 상황이 부트캠프를 갈 수 있는 형편이 되지 않습니다. 그럼, 개발자가 되기 어려운가요?"

결론부터 이야기하면 '그렇지 않다'이다. 나는 6개월의 부트캠프 과정에서 4개월 만에 조기졸업을 하고, 취업에 성공했다. 부트캠프를 다니며 혼자 프로젝트를 진행했고, 그 결과물을 가지고 포트폴리오를 만들었고, 내가 원했던 회사에 이력서를 내고 취업을 한 케이스다.

물론 부트캠프는 취업과 잘 연계되어 있다는 장점이 있다. 그러니 '수업을 들으면 취업을 쉽게 할 수 있다'고 홍보를 하고, 실제로 수강생들이 취업한 회사들을 보여주니 누구라도 관심을 가지게 된다. 하지만 부트캠프에서도 나처럼 일찍 취업을 한 사람이 있는 반면, 수료한 뒤 1년이 넘었지만 취업을 하지 못한 사람도 있다. 결국 'case by case'라는 말이다. 특히 취업을 못한 친구들 대부분은 부트캠프에 대해 굉장히 불만이 많았다.

"취업시켜 준다고 해놓고, 시켜 주지 않더라."

"포트폴리오도 다 만들어 준다고 했었는데, 그렇지 않더라."

물론 이 부분은 속은 게 맞을 수 있다. 포트폴리오도 다 만들어 주지 않고(사실 생각해 보면 본인 포트폴리오를 다른 사람이 어떻게 만들어 줄 수 있을까?) 모든 사람을 취업시켜 주지도 않는다(협력업체에 이력서를 보내주는 정도). 하지만 취업은 결국 스스로의 실력으로 해야 하는 것인데, 취업을 시켜 준다는 말을 너무 곧이곧대로 믿은 것이 더 문제일 수 있다.

애초에 나는 부트캠프를 선택할 때 그런 거창한 기대는 하지 않았다. 단지 하루에 12시간 이상 집중해서 공부를 해야 했는데,

혼자 해보니 쉽지 않아 하루 12시간씩 개발 공부를 할 수 있는 환경만 조성해 주면 된다고 생각했다. 이것이 내가 부트캠프에서 원했던 가장 큰 기대였다. 공부를 하며 쉬는 시간마다 선생님에게 모르는 부분을 물어가며 프로젝트를 진행했고, 주말을 활용해 포트폴리오도 혼자 만들었다. 그리고 이렇게 준비한 포트폴리오와 이력서를 가지고 내가 원했던 회사를 골라 내 스스로 면접을 보고 취업에 성공했다.

부트캠프에서 취업을 시켜 준다고 홍보를 하는 것은 결국 수강생과 회사를 연결시켜 준다는 것이다. 수강생들의 이력서를 회사에 보내주면 해당 업체는 당연히 그중에서 가장 적합한 사람을 뽑는다. 이 말은, 결국 스스로 잘해야 한다는 것이다. 사실 너무나 당연한 이야기인데, 부트캠프에서 취업에 대한 부분을 너무 확대해서 광고를 하고 있고, 수강생들은 이 광고를 통해 너무 큰 기대를 가지기 때문에 후회할 확률이 높은 것이다. 기대가 크면 스스로 준비를 하지 않게 된다. 결국 악순환이 반복되는 것이다.

따라서 혼자서 공부할 수 있으면 꼭 부트캠프를 가야 할 이유는 없다. 스스로도 충분히 할 수 있다. 카페나 독서실에서 온라인 강의를 통해 하루 12시간씩 공부를 하는 것도 가능하다. 그리고 공부한 것들을 바탕으로 포트폴리오와 이력서를 제대로 준비하면 되는 것이다(이 부분은 '3장 개발자로 빠르게 취직하는 노하우'를 참고하자).

그리고 혼자 공부하기 힘든 사람들은 국비지원 학원 또는 부트캠프에 가서 강사의 도움을 받으면 개발자로 빠르게 입문할 수 있는 확률이 높아진다. 결국 본인이 원하는 것을 명확히 하고, 본인 스스로 생각해서 결정하면 충분히 할 수 있다. 개발자가 되기로 마음먹었으면 방향을 확실히 잡고 하루라도 빨리 공부를 시작해 빨리 취업하는 게 정답이다. 그럼, 이제 개발자로 취업을 하기 위해 필요한 것들을 알아보자.

03
개발자로 빠르게 취직하는 노하우

개발자가 되려면···

"개발자로 취업하려면 얼마나 준비해야 하고, 어떤 걸 보여줘야 하나요?"

개발자를 준비할 때 제일 막막한 부분 중 하나일 것이다. 나는 이 질문에 일단 포기하지 말고 개발 공부를 꾸준하게 하라고 권유하는 편이다. 왜냐하면 개발은 결국 하나의 스킬이다 보니 꾸준히 하다 보면 어느 정도 익숙해지기 때문이다. 그리고 개발언어와 프레임워크가 익숙해질 때쯤에는 취업에 필요한 스펙을 준비해야 한다.

개발자에게 필요한 스펙이라면 우선 개발을 공부하며 진행하는 '프로젝트'가 가장 기본이다. 여기에 나를 어필할 수 있는 '블로그'가 있으면 좋은데, 이때는 티스토리^{tistory}, 미디엄^{medium}, 깃허브 ^{github} 등의 플랫폼을 활용하는 것을 추천한다. 그리고 내가 개발 공부를 하며 정리한 것들을 한 번에 보여줄 수 있는 '포트폴리오' 가 있으면 좋다. 똑같은 양을 공부해도 누군가는 훨씬 더 많이 한 것처럼 잘 표현하는 사람이 있고, 누군가는 그렇지 못하다. 특히 개발을 준비하는 사람들은 대부분 절대적인 학습시간이 비슷하 기 때문에 나를 잘 보여줄 수 있는 포트폴리오는 매우 중요하다. 이러한 자료들을 준비하고, 희망하는 회사에 대해 꼼꼼하게 조사 한 후 이력서를 넣고 면접에 임해야 한다.

그리고 개발언어를 배우는 순간부터 매일매일 코딩테스트에 대비해 알고리즘을 한 문제씩이라도 풀어보기 바란다. 최근에는 알고리즘 테스트만으로 공개채용을 진행하는 회사도 많고, 알고 리즘 문제를 풀다 보면 기본적으로 논리력을 쌓을 수 있기 때문

알고리즘을 공부할 수 있는 '백준'과 '프로그래머스' 페이지

출처 : 백준(https://www.acmicpc.net/), 프로그래머스(https://programmers.co.kr/)

에 현업에서 일을 할 때도 큰 도움이 된다. 개발이라는 것이 문제를 효율적으로 해결하는 것이고, 그러기 위해서는 얼마나 '논리적인가'가 중요한 역할을 한다.

다음은 개발자로 취업하기 위한 기본적인 준비사항이다. 다음의 기본적인 5가지 조건 및 세부사항에 ○를 체크할 수 있다면 이력서를 제출하면 된다.

기본조건	세부사항	체크
1) 1개 이상의 언어 학습	본인이 하나 이상의 개발언어를 잘 다룰 수 있는가?	
2) 1개 이상의 프레임워크 학습	본인이 학습한 언어에 맞는 하나 이상의 프레임워크를 잘 다룰 수 있는가?	
3) 개발 프로젝트 진행	내가 능동적으로 참여해 주도했는가?	
	내가 이 프로젝트를 왜 진행했는지 잘 설명할 수 있는가?	
	내가 무엇을 배웠는지 잘 설명할 수 있는가?	
4) 포트폴리오	이 포트폴리오가 '나'라는 사람에 대해 잘 보여주고 있는가?	
	이 포트폴리오가 내가 했던 것들을 잘 보여주고 있는가?	
5) 알고리즘 공부	본인이 학습한 언어로 매일 알고리즘 공부를 한 문제씩 풀고 있는가?	

프로젝트

보여주기 위한 것보다는

필요한 것을 만들자

———————————— 개발자로 취업을 할 때 가장 중요한 것 중 하나가 개인 프로젝트이다. 회사에서 신입개발자를 뽑을 때 가장 많이 보는 것이 바로 지원자가 진행했던 프로젝트이기 때문이다.

프로젝트라고 하면 우리가 만들 수 있는 하나의 작은 서비스라고 생각하면 된다. 평소 우리가 머릿속에만 담아 두고 실행하지 못했던 것을 개발을 통해 직접 구현하는 것을 말한다.

프로젝트의 목적은 내가 어떤 것을 만들 수 있다는 것을 보여주기 위한 것이므로, 그게 꼭 좋은 서비스인지 또는 실제 고객들에게 필요한 것인지는 크게 중요하지 않다. 그러니 너무 부담을 가질 필요는 없다는 말이다. 하지만 이왕이면 나에게 필요하고, 고객들이 쓸 수 있는 프로그램이면 더 좋지 않을까? 최근에는 학원에서 찍어내기 식으로 만드는 프로젝트들이 많다 보니 나만의 차별성 있는 서비스를 진행하게 되면 훨씬 더 돋보일 수 있다.

당장 개발을 못하더라도
기획부터 시작하자

———————————— 나에게 필요하고, 실제 사용자들이 이용할 수 있는 서비스를 만들면 개발을 할 때도 재미있고 회사에서도 관심있게 볼 것이다. 따라서 개발 공부를 시작했다면 계속 관심을 가져야 할 것 중 하나가 내가 만들고 싶은 프로그램에 대해 기획을 해보는 것이다.

나의 경우는 평소 인맥관리에 관심이 많았다. 살아오면서 많은 사람들을 만났음에도 불구하고, 시간이 지나면서 점점 연락이 끊기는 것이 항상 안타까웠다. 그래서 소중했던 인연들을 지킬 수 있는 나만의 인맥관리 서비스를 만들기로 하고, 실제 개발 공부를 하면서 프로젝트로 진행하게 되었다. 우선 인맥관리 책들을 통해 노하우와 팁들을 정리하고, 일정 시기마다 내가 등록한 지인에게 연락하라고 알려주는 '정기적인 연락 알림'에 대한 부분을 특화시켰다.

물론 이것저것 넣고 싶은 것은 많았지만, 너무 많은 것을 넣기에는 실력이 모자랐기 때문에 꼭 필요한 핵심기능에 집중하기로 했다. 이를 스타트업계에서는 MVP Minimum Viable Product 라고 하는데, 이 제품이 살아남기 위한 가장 핵심적인 기능을 말한다.

일단 나에게 필요한 것은 일정 주기마다 지인들에게 연락을 하도록 알려주는 것이므로, 다음과 같이 총 4개의 페이지로 구성된 작은 프로젝트를 기획했다.

- '내가 연락할 사람들을 등록하는 페이지' 1개
- '오늘 연락할 사람을 보여주는 페이지' 1개
- '이번 주, 이번 달에 연락할 사람을 보여주는 페이지' 1개
- '전체 등록한 사람들을 보여주는 페이지' 1개

눈으로 볼 수 있는 기획을 하자

개발자를 준비하며 취업에 도전하는

사람들이 가장 어려워하는 부분 중 하나가 바로 프로젝트이다. 도대체 어떤 프로젝트를 만들어야 할지 떠오르지 않아 개발 공부를 하기에도 바쁜 시간에 아이디어를 구상하며, 프로젝트 기획에 한없이 시간을 쓰게 된다. 그만큼 개발자로 취업할 때 가장 큰 비중을 차지하는 것이 바로 프로젝트이기 때문이다.

나 역시 공부를 처음 시작할 때, 개발 공부가 재미도 없었고 크게 흥미도 생기지 않았다. 다만 내가 개발자가 되면 이런 것들을 할 수 있겠지 상상하면서 내가 만들고 싶었던 '인맥관리 프로그램'을 기획해 보았다.

서비스를 기획할 때에는 여러 가지 좋은 툴들이 있는데, 그중 'Adobe XD' 'Figma' 'Sketch' 'Zeplin'이라는 툴을 많이 사용한다. 이 도구들은 보통 UI, UX를 만들 때 사용하는 툴이지만 사용하기에 따라 기획서를 그려 보는 도구로도 활용할 수 있다. 기능을 몰라도 쉽게 사용할 수 있고, 개인이 사용하는 경우 무료기능만으로도 충분하다. 윈도우의 그림판처럼 네모 버튼을 누르면 네모상자를 만들 수 있고, 줄을 선택하고 그으면 연결선이 된다. 유튜브

Sketch

Figma

Adobe XD

Zeplin

를 통해 찾아보면 10분이면 간단한 사용법을 익힐 수 있다.

나는 Adobe XD를 이용해 인맥관리 프로그램에 들어갈 4가지 페이지를 구체적으로 만들어 보았다.

1) 메인창 : 오늘 연락할 인맥들이 보이고 연락 유무를 체크할 수 있다. 특정 인물을 클릭하면 최근에 했던 메모들을 볼 수 있다.

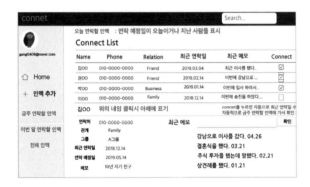

2) 인맥 추가창 : 추가할 인맥의 이름, 연락처, 관계, 그룹 등을 설정해 인맥을 추가할 수 있다.

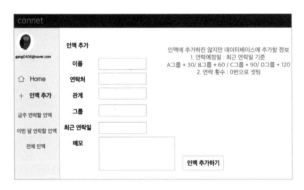

3) 금주 연락할 인맥창 : 금주에 연락했어야 하는 인맥들과 연락을 완료한 인맥들에 대해 보여주는 창이다.

4) 전체 인맥창 : 나의 전체 인맥들에 대해 보여주는 창이다.

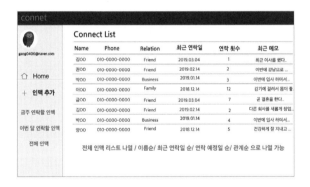

디자인에 대한 감각이 없다 보니 내가 편하게 쓴다는 생각으로 그림판에 그림을 그리듯 나에게 필요한 기능들을 추가했다. 내가 구현하고자 했던 내용을 최소기능만 정리해 어떻게 하면 그

것을 효율적으로 표현할 수 있을지에 집중했다. 하지만 딱 거기까지였다. 그때 당장은 개발을 할 줄 몰랐기 때문에 이 프로젝트는 기획만 해놓고 잊고 있었다.

그리고 개발 공부를 시작한 지 두 달이 지난 어느 날 선생님이 "2개월 동안 파이썬을 배웠으니 이제는 Django(장고)라는 프레임워크를 배울 거예요. 그리고 오늘은 장고에서 회원가입 부분을 만들어 볼 예정입니다"라고 3개월 차 과정에 대해 소개했다.

그런데 가만히 생각해 보니 '회원가입'은 내가 기획했던 인맥관리 프로젝트에 꼭 필요한 기능이었다. 이때부터 수업과 내가 구상한 프로젝트가 연관되다 보니 나는 평소보다 더 집중해서 들었고, 그날 저녁에는 내 프로젝트의 회원가입 부분을 완성했다. 다음 날 수업에서 배운 것도 내 프로젝트에 적용했다. 그렇게 프로젝트와 함께 연계해서 수업을 듣다 보니 기존에는 그냥 한 귀로 듣고 한 귀로 흘려 버리던 수업에 집중력이 훨씬 높아졌다. 그리고 2개월 과정의 Django 프레임워크 학습기간이 끝났을 때 나는 2개의 프로젝트를 완성할 수 있었다.

다소 부족하기는 했어도 미리 만들어둔 기획서 한 장 덕분에 프로젝트를 준비하는 2개월이라는 시간을 줄인 것이다. 그래서 나는 '프로젝트'를 준비하는 입문자들에게 다음과 같은 메시지를 꼭 전하고 싶다.

"지금 개발을 어디까지 할 수 있는지에 대해 고민하지 말고, 개발 공부를 하면서 틈틈이 만들고 싶은 것을 꼭 기획해 두기를 바랍니다. 그리고 기획을 할 때도 단순히 머릿속으로만 생각하는 것이 아니라 반드시 눈에 보이는 기획을 해야 합니다. 별 생각없이 해놓았던 기획 아이디어일지라도 여러분이 개발을 조금씩 배워가다 보면 실제로 만들 수 있는 날이 오게 될 것입니다. 그렇게 조금씩 학습하며 서비스를 만들어 가다 보면 여러분이 계속 개발 공부를 이어나갈 수 있는 큰 동기가 되어줄 것입니다. 정말 사소한 기획 하나가 여러분의 학습 능력을 높이는 것과 동시에, 학습과 프로젝트를 같이 진행할 수 있도록 만들어 주어 여러분이 개발자로 취업하는데 걸리는 시간을 최소 2개월은 줄여줄 수 있을 겁니다. 그러니까 지금 만들 수 있을지 없을지 고민하지 말고, 평소에 여러분이 만들고 싶었던, 필요했던 서비스를 먼저 기획부터 해보시길 바랍니다."

블로그

    개발자로 취업을 하기 위해 비전공자인 나를 강조할 수 있는 것은 무엇이 있을까? 컴퓨터 관련 분야를 전공한 친구들보다 학습시간도 짧고, 당연히 학습의 깊이도 낮을 것이다. 결국 입문자들이 강조할 수 있는 부분은 '성장'에 관한 부분일 것이다. 아니 '빠른 성장에 대한 가능성'이라고 표현하는 게 맞을 것 같다.

    "비록 늦게 시작했지만 그렇기에 저는 누구보다 더 열심히 공부했고, 더 열심히 노력하여 빠르게 성장하겠습니다."

    이 부분이 잘 강조된다면 회사에서는 비록 신입이라고 할지라도 가능성을 보고 충분히 기회를 줄 수 있다. 개발은 끊임없이 성장해야 하는 분야이고, 그 성장의 기울기가 크다면 당장에는 부족해도 충분히 그 사람에게 투자를 할 수 있을 것이기 때문이다.

그렇다면 '열심히 공부했다'는 것은 무엇으로 증명할 수 있을까? 보통 개발자로 취업하고자 하는 사람들이 준비한 이력서는 대부분 비슷하다. 학원 또는 온라인 강의를 통해 열심히 공부했고, 개인 프로젝트 1~2개, 팀 프로젝트 등을 열심히 수행했다고 적혀있다. 그런데 이때 단순히 이력서에 적은 몇 줄의 글뿐만 아니라 이것을 증명할 수 있는 자료를 함께 보여줄 수 있으면 더 큰 임팩트를 낼 수 있다.

1) "저는 6개월 동안 개발자를 준비하면서 매일매일 치열하게 공부했습니다."

2) "저의 개발 블로그에서 보시는 것처럼 저는 6개월 동안 약 200개의 글을 포스팅했으며, 매일매일 공부했던 것들을 정리하고 기록하며 치열하게 공부했습니다."

1번과 2번 중 어느 것이 더 신뢰가 갈까? 당연히 2번이다. 취업시 제출하는 모든 자료에는 근거가 있어야 하는데, 내가 열심히 준비했다는 근거가 블로그에 그대로 들어 있기 때문이다. 그래서 나는 개발자를 준비하는 입문자들에게 '블로그를 반드시 하라'고 강조하는 편이다.

출처 : '쌀 팔다 개발자'의 Github 블로그(https://fabl1106.github.io/)

블로그를 반드시
해야 하는 이유

———————————   이렇게 블로그를 정리하다 보면 다
음과 같이 내가 성장하는 것을 스스로도 확인할 수 있다.

1) 개발도 공부이기 때문에 정리를 하면서 공부하는 것이 유리하다.

개발 공부를 조금이라도 해본 사람이라면 찾아보았던 것을 또
찾아보고 또 찾아보고 하는 것이 얼마나 자주 있는 일인지 잘 알
고 있을 것이다. 이때 궁금한 내용들을 학창시절처럼 교과서나

참고서에 표시해 두며 다시 찾아보는 것은 쉽지 않다. 또 이해가 안가는 부분들은 책으로만 해결할 수 없기 때문에 대부분 구글링을 통해 찾아볼 수밖에 없다. 이때 예전에 한 번 찾아봤던 것을 계속 찾아보는 것은 너무 비효율적이다. 그래서 내가 부딪쳤던 문제들과 해결책들을 블로그에 남겨 놓으면 나만의 정보창고가 될 수 있다.

이렇게 블로그에 공부한 것들을 정리해 두는 습관을 들이면 처음에는 작은 차이일 수 있으나 이 시간들이 쌓이고 쌓이면 거대한 차이를 만들어 낼 수 있다.

2) 개발자로 취업할 때 내가 열심히 했다는 것을 강조할 수 있다.

두 번째로 블로그를 꾸준하게 기록하면 개발자로 취업할 때 내가 열심히 했다는 것을 강조할 수 있다. 입문자의 경우 학습을 한 기간이 길지 않기 때문에 절대적인 학습량 면에서는 부족할 수밖에 없다. 그래서 신입개발자가 강조할 수 있는 부분이 바로 '성장'이다. 비록 현재는 부족하지만 '성장하기 위해 지속적으로 노력하고 있고, 그 성장은 배수로 늘어날 것이다'는 말에 대한 근거로 제일 적합한 것이 블로그이다. 경력직으로 시작할 때는 본인의 실력을 증명할 수 있는 코드들과 진행했던 프로젝트, 기존 회사에서 수행했던 일들을 보여주는 것만으로 해결이 되지만, 신입으로 지원할 때는 그런 것들이 없으니 지금 우리가 보여줄 수 있는 것을 최대한 강조해야 한다.

신입개발자로 취업할 때 나의 성실함을 증명하는 데 있어 블로그만큼 그 근거를 잘 보여주는 것은 없을 것이다.

3) 블로그를 정리하며 나를 반성할 수 있다.

세 번째로 블로그를 통해 나를 반성할 수 있다. 우리가 성인이 되어 하는 공부들은 대부분 끝이 없다. 그나마 '자격증을 취득하겠다'와 같이 명확한 시험날짜와 범위가 있는 경우는 별개이겠지만 영어 공부 또는 마케팅 공부, 디자인 공부, 개발 공부 등은 대부분 끝이 없다. 이처럼 정해진 범위가 없다 보니 어디까지 얼마나 공부해야 할지, 내가 제대로 하고 있는 것인지에 대한 확신이 없어져 쉽게 지치거나 슬럼프에 빠지기 쉽다.

개발자를 준비하는 사람들을 위해 진행하고 있는 온라인 강의에서 '처음 개발 공부를 하던 나에게 해주고 싶은 이야기가 있는지?'라는 질문을 받은 적이 있다. 이에 대해 내가 했던 답은 '지금 내가 하고 있는 게 맞는지 틀린지 의심하지 말고 불안해 하지도 말자. 나는 잘하고 있어'였다.

나 역시 정해진 범위가 없는 데서 오는 불안감이 쉽게 떨쳐지지 않았다. 그때 나를 잡아 준 것이 블로그였다. '1일 1블로그, 매일 내가 학습한 것을 정리하자'라고 마음먹었다. 매일 블로그를 기록하다 보면 단순히 학습한 것만이 아니라 그날 나의 하루 일과와 컨디션, 마음가짐에 대해서도 적는 날이 많아졌다. 그렇게 적은 글들이 쌓이다 보니 블로그를 통해 나를 다시 돌아볼 수 있었고, 슬럼프에서도 금방 빠져나올 수 있었다. 이런 장점들이 있으니 개발자를 준비할 때는 되도록 블로그를 기록했으면 한다.

개발자들의 블로그

개발자들이 블로그를 기록할 수 있는 곳은 많다. 가장 기본적으로는 Tistory 블로그, GitHub 블로그, 미디엄, 벨로그, 브런치 등이 있다. 그럼, 여기서는 개발자들이 가장 많이 이용하고 있는 GitHub와 Tistory에 대해 알아보자.

1) GitHub 블로그

나는 GitHub(깃허브)에서 처음 블로그를 시작했다. 큰 의미가 있었던 것은 아니었고 단순히 '개발자라면 GitHub지!'라는 말에 끌려 시작했다.

GitHub는 '개발자들의 놀이터'라고 불리는 곳으로, 개발자들의 소스코드를 클라우드에 공유하는 공간이다. 좀 더 쉽게 예를 들어보자.

우리는 보통 노트북으로 개발을 한다. 그런데 어느 날 개발을 진행하다 다음의 2가지 상황에 봉착했다고 가정해 보자.

- 노트북을 잃어버렸다.
- 데스크탑 PC에서 개발을 이어서 하고 싶다.

상상도 하기 싫은 상황이지만 노트북을 잃어버려 그동안 만든 개발 코드들이 모두 날아가 버리거나 집에서는 노트북이 아닌 속도가 빠른 데스크탑 PC에서 이어서 개발을 하고 싶은 경우가 있을 것이다. 이때 매번 작업한 것을 압축해 USB에 보관하거나 옮겨야 할까? 아니다. 작업한 것을 GitHub에 업로드해 놓으면 이러한 절차가 필요치 않다. 우리가 개발한 코드를 클라우드(GitHub 저장소)에 올려놓고, 필요할 때마다 언제든 가지고 와서 이어서 하면 되기 때문이다. 즉, 오늘 작업한 것까지 GitHub에 올려놓으면 언제 어디서건 GitHub에 접속해 가져와 연결해서 작업을 할 수 있다. 드롭박스 또는 구글드라이브에 파일을 올려놓고 언제든지 다운받아 이용하는 것과 같은 이치다. GitHub는 클라우드 중에서 개발자를 위한, 개발에 특화된 시스템이라고 보면 된다.

구글에서 'GitHub 블로그 만들기'를 검색하면 누구라도 어렵지 않게 블로그를 만들 수 있다. GitHub 블로그의 장점은 다음과 같다.

- 개발자들이 항상 이용하는 GitHub를 활용하여 블로그를 운영하므로 빠르게 GitHub에 익숙해질 수 있다.
- 잔디심기가 가능하다.
- 많은 개발자들이 이용하고 있어 안전하다(갑자기 GitHub가 문 닫을 일이 없다).

'쌀 팔다 개발자'의 GitHub 페이지

출처 : https://github.com/fabl1106

그런데 여기서 '잔디심기'란 무슨 말일까? 처음 GitHub에 가입하면 기본적으로 위 그림과 같은 형태의 개별 페이지가 제공된다. 왼쪽에는 나에 대한 소개가 나오고 오른쪽에는 내가 개발하고 있는 또는 개발했던 프로젝트들이 나열되고, 그 아래에는 초록색의 점들이 보이는데 이 점들이 마치 잔디처럼 보인다고 해서 개발자들 사이에서는 이를 '잔디'라고 부른다. 그리고 내가 GitHub에 무언가를 올렸을 때 오늘의 날짜가 초록색으로 채워진다. 이것을 '잔디심기'라고 하며, 하루에 올리는 횟수가 많을수록 점점 진해지는 형태이다. 그래서 개발자들 사이에서는 '1일 1커밋(하루에 1번은 GitHub에 올리자)' 또는 '잔디심기 챌린지'가 유행하고 있다. GitHub 블로그를 개설하고 글을 업로드하게 되면 내 GitHub 페이지에 표시가 되는 형태이므로, 꼭 개발에 관한 글이 아닌 일반적인 글을 올려도 잔디심기의 효과를 낼 수 있다.

하지만 GitHub에 이런 장점들이 있음에도 불구하고 나는 Tistory로 블로그를 옮기게 되었는데, 그 이유는 GitHub 블로그를 운영하면서 느꼈던 글쓰기 markdown 와 검색 최적화가 어렵다는 단점 때문이다.

GitHub에서 블로그를 개설하여 운영하는 것은 네이버 블로그와 상당히 다르다. 네이버 블로그에서 제공하는 툴을 활용해 글자색도 바꾸고, 글자 크기도 바꾸고, 사진도 넣고 했던 작업들이 GitHub 블로그에서는 쉽지 않다. 글자 크기를 변경하기 위해서는 #제목 ##부제목과 같이 #의 개수를 통해 글자 크기를 제어해줘야 하고, 사진을 넣을 때도 해당 사진을 다른 곳에 업로드한 후 해당 URL을 넣어줘야 한다. 글자에 변화를 주고 싶을 때도 거기에 맞는 문법들을 찾아 적어줘야 하는데, 이는 웹에서 글을 쓰는 모든 사람들을 위한 통일된 글쓰기 도구인 markdown을 이용해 글을 적어야 하기 때문이다. 이런 번거로움이 있다 보니 처음 쓰는 사람들은 사용하기가 쉽지 않다.

그리고 검색 최적화가 어렵다는 점도 큰 단점이다. 네이버 블로그의 경우 글을 적으면 관련된 키워드로 검색을 했을 때(그 키워드가 유명하지 않다면) 내가 쓴 글이 검색 결과에 나올 것이다. 이는 기본적으로 네이버 블로그에서 검색 최적화 작업을 진행해 주기 때문에 가능한 것이다. 하지만 GitHub 블로그는 검색 최적화 작업을 운영자가 직접 진행해 줘야 한다. 물론 나 혼자만 볼 거라면 굳이 최적화를 할 필요가 없지만, 내가 열심히 적은 글을 누군가와 공유하며 서로 커뮤니케이션했으면 좋겠다는 생각에 검색 최적화 작업을 하게 된다. 하지만 최적화 작업에 들인 시간만큼 최적화가 잘되지 않는 것이 현실이다.

2) Tistory 블로그

나는 이러한 이유로 인해 Tistory(티스토리)로 블로그를 이전했는데, Tistory 블로그에서는 GitHub의 두 가지 단점이 바로 해결되었다.

먼저 글쓰기가 매우 쉽다. 네이버 블로그를 써봤던 경험이 있다면 Tistory에서 제공해 주는 에디터를 이용해 누구나 쉽게 글을 쓸 수 있다. #을 쓰지 않아도 글자를 선택해 제목 크기를 변경할 수 있고, 컴퓨터에 있는 사진을 선택해 바로 업로드할 수 있다.

그리고 따로 검색 최적화 작업을 거치지 않아도 구글에서 쉽게 검색된다. 개발자들은 보통 구글에서 검색을 많이 하기 때문에 구글에서 검색되는 것이 중요한데, Tistory에 적은 글은 바로 구글에서 검색되다 보니 많은 사람들을 나의 블로그에 유입시킬 수 있었다.

참고로 내가 직접 검색 최적화를 거친 GitHub 블로그의 경우 하루 약 30명 정도 방문했지만 Tistory로 글을 옮기고 나서는 하루 300명 이상 방문하고 있다.

물론 블로그의 개설은 본인의 편의에 따라 선택하면 되지만,

'쌀 팔다 개발자'의 Tistory 블로그

출처 : '쌀 팔다 개발자'의 Tistory 블로그(https://daeguowl.tistory.com/)

처음 시작할 때는 기록하기 편한 Tistory 블로그를 추천한다. 처음부터 블로그에 시간을 많이 쏟기가 어려울 테니 최대한 쓰기 편한 것이 좋고, 이왕 블로그를 시작했다면 검색을 통해 나의 블로그에 사람들이 들어오는 과정들 속에서 자극을 받고 더 열심히 하게 되는 선순환 구조를 만드는 것이 중요하기 때문이다.

개발을 시작하는 그 날짜부터 블로그를 시작해 보자. 처음에는 매일매일 공부한 것을 올리는 기록장으로도 좋고, 나의 하루를 돌아보는 용도로도 좋다. 그렇게 블로그에 콘텐츠가 하나둘 쌓이게 되면 나의 신입개발자 이력서에 큰 도움이 될 것이다.

포트폴리오

개발자로 취직하기 위해 필요한 또 하나가 바로 '포트폴리오'
다. 포트폴리오라 함은 그동안 내가 진행했던 것들을 정리해 취
업하고자 하는 회사에 제출하는 자기소개서라고 보면 된다. 가끔
포트폴리오와 프로젝트를 혼동하기도 하는데, 프로젝트는 내가
개발한 서비스(웹/앱 사이트)를 말하고, 포트폴리오에는 이 프로젝
트들이 담기게 된다.

    물론 회사에 지원할 때 포트폴리오가 없어도 된다. 하지만 회
사에서 요구하는 서류만으로는 나를 설명하기가 쉽지 않다. 그래
서 포트폴리오를 만들어 함께 제출하는 것이 좋다. 왜냐하면 같
은 양을 공부하고, 같은 프로젝트를 진행했어도 이것을 어떻게

보여주는지에 따라 결과가 달라질 수 있기 때문이다.

포트폴리오를
잘 만드는 방법

───────────   갑자기 포트폴리오를 만들려면 막막
할 것이다. 그럼, 어떻게 만들면 좋을지 예를 들어 살펴보자.

여러분이 온라인에서 샤워기 필터를 구매한다고 할 때, 어떤
제품을 구매하는지 생각해 보자. 샤워기 필터에서 중요한 것은
필터의 효능이다. 일반적으로 샤워기 필터를 판매하는 상세페이
지에는 '이 샤워기 필터는 필터 효율이 몇 %입니다' '여러 향이 같
이 나도록 쓸 수 있어요'와 같이 기능적인 부분에 대한 설명이 잔
뜩 적혀있다. 반대로 잘 팔리는 제품의 상세페이지를 보면 소비
자가 궁금해하는 부분에 대해 구체적으로 설명한다.

'우리나라 배관은 아주 노후되어 있습니다. 이렇게 노후된 배
관을 통해 우리에게 전달되는 과정에서 불순물, 녹물 그리고 세
균 박테리아를 제거하기 위해 사용되는 염소에 직접적으로 노출
됩니다. 원인 모를 피부 트러블 때문에 고생 중이지 않으셨나요?
이 문제를 해결하기 위해 저희가 샤워기 필터를 만들었습니다.
이 샤워기 필터의 효율은 몇 %이고, 향기에 민감한 여러분들을

위해 이런 향기들도 같이 사용할 수 있도록 했습니다. 상쾌한 하루를 시작해 보세요.'

이 경우 분명 같은 필터를 판매하고 있지만, 위의 것은 기능에만 집중하고 있고, 아래의 것은 그 기능이 왜 만들어졌는지, 그리고 우리가 이 제품을 왜 써야 하는지에 대해 이야기하고 있다. 이것을 우리의 포트폴리오에 적용해 보면 다음과 같다.

- '저는 ○○언어를 공부했고, ○○프로젝트를 수행했습니다.'
- '저는 ~ ~ 삶을 살아왔고, 그 안에서 ~ ~ 경험들을 해봤습니다. 이 과정에서 ○○ 사건을 통해 개발에 관심이 생겼습니다. 비록 개발을 전공하지는 않았지만 개발자가 되기로 마음먹고 6개월 동안 집중적으로 공부를 했습니다. 이런 마음가짐으로 시작을 했기에 다른 사람들보다 더 열심히 노력했습니다. 매일매일 공부한 내용들을 정리해 개발 블로그에 올렸고, 평소 관심있는 분야의 ○○프로젝트들을 만들 수 있었습니다. 저는 앞으로 백엔드 분야에서 고객을 먼저 생각하는 개발자가 되고 싶습니다.'

좀 극단적이기는 하지만 당신이 신입개발자를 뽑아야 한다면 누구를 뽑을까? 당연히 후자일 것이다.

그럼, 이런 포트폴리오를 만들려면 어떻게 해야 할까? 우선 먼저 나에 대해 정리를 잘해야 한다. 내가 과거에 어떤 삶을 살아왔고, 어떤 경험들을 해봤었는지, 그리고 왜 개발 공부를 시작했고,

어떤 분야의 공부를 해왔으며, 어떤 프로젝트들을 했는지, 또 앞으로 어떤 개발자로 성장하고 싶은지 등 나에 대한 소개가 먼저 정리되어야 한다. 이렇게 먼저 나에 대해 정리하고, 구글에서 다른 사람들이 만들어 놓은 포트폴리오 예시들을 찾아본 뒤, 나를 가장 잘 보여줄 수 있는 방법으로 만들면 된다. 이것을 보여주는 방법은 무엇이 되든 상관이 없다. 누군가는 한글로 정리할 수도 있고, 누군가는 파워포인트나 노션^{notion} 으로, 또 누군가는 웹사이트나 블로그로 정리할 수도 있다.

나에 대해, 그리고 내가 진행했던 프로젝트에 대해 기록해 놓은 취업 포트폴리오

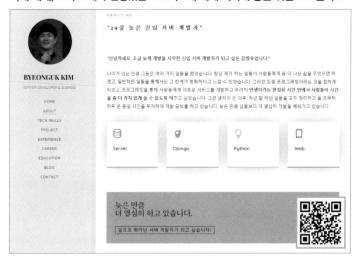

면접

신입개발자들의 경우 면접을 볼 기회가 그렇게 많이 오지는 않는다. 그렇다 보니 면접의 기회가 오면 일단 어떻게든 합격을 하는 것이 중요하다. 경력개발자의 경우는 많은 선택지 중에서 고를 수 있겠지만, 신입개발자의 경우 여러 선택지를 두고 고를 수 있는 상황은 쉽게 발생하지 않는다. 그래서 면접의 기회가 온다면 소중하게 여기고 합격할 수 있도록 준비해야 한다.

면접을 준비하는 스킬이야 여러 가지가 있을 수 있겠지만, 내가 강조하고 싶은 것은 면접에 대한 맥락이다. 기본적으로 면접은 회사가 나를 보는 자리이기도 하지만, 내가 회사를 보는 자리이기도 하다. 즉, 회사가 나에 대해 궁금한 것을 묻는 자리이기도 하지만, 나도 회사에 대해 궁금한 것들을 질문하는 자리이기도 하다. 이렇게 생각을 달리해 보면 면접을 준비하는 자세 또한 달라지게 된다.

회사가 나와 잘 맞을지는 회사에서 평가하겠지만, 내가 회사와 잘 맞을지는 내가 평가해야 한다. 그러기 위해서는 나 스스로 회사에 대한 조사를 꼼꼼하게 해야 한다. 회사에 대한 조사를 깊게 하면 할수록 면접을 볼 때 질문할 내용들이 많아지고, 또 회사가 원하는 인재상에 맞춰 나의 어떤 점을 강조해야 할지, 단점을 어떻게 장점으로 승화시킬지 하나씩 판단할 수 있게 된다.

회사가 어떤 서비스를 하는지조차 제대로 알아보지 않고 오는 면접자에게 회사는 점수를 주지 않는다. 오히려 서비스를 이용해 본 뒤 이런 점은 왜 개선되지 않는지 묻는 면접자에 대한 인상이 더 좋을 것이다.

면접을 가기 전에 기본적으로 준비해야 하는 것들

———————— 내가 개발자로 처음 입사했던 D사는 정말 가고 싶은 회사였다. 개발자가 성장할 수 있는 개발문화가 정착되어 있었고, 회사의 비전 역시 마음에 들었다. 하지만 D사

는 경력 서버 개발자를 채용 중이었고, 나는 경력이라고는 없이 6개월 학습한 것이 전부인 상황이었다. 이런 나에게 면접 기회가 주어졌고, 나는 이 기회를 놓치고 싶지 않아 내가 할 수 있는 만반의 준비를 했다.

나는 D사에 대해 최대한 구체적으로 조사를 했다. 대표의 이름부터 D사가 현재 서비스하고 있는 것들의 과거 이력까지 모두 조사했다. 어떤 계기로 이 서비스를 시작하게 되었는지, 그 과정에 어떤 어려움들이 있었고, 그것들을 어떻게 극복하고 현재의 모습을 갖추게 되었는지 등을 샅샅이 조사했다. 그뿐만 아니라 3년 뒤 이 회사는 어떻게 되어 있을지, 또 3년 뒤 나는 어떻게 성장해 있을지까지 D사와 나의 미래의 모습에 대해서도 상상해 보았다.

또 취업 관련 사이트에 가입하여 D사에서 면접을 본 취업준비생들의 면접 후기들을 하나하나 찾아보며 면접 때 나온 질문들에 대해 모두 정리하고, 내가 어떤 대답을 할지 한 번 더 고민하여 나만의 답변을 만들었다.

그리고 회사에 대해 궁금한 점들도 정리했다. 회사가 나아갈 방향과 서비스의 개선방향까지 정리하다 보니 내부 직원이 아니면 알 수 없는 궁금증들이 생겨났다. 또 회사에서 개발자를 뽑을 때 어떤 부분을 가장 많이 보는지, CTO가 개발팀을 운영하면서 중요하게 생각하는 것은 무엇인지, 그리고 CTO가 대기업을 다니다 D사에 합류했다는 사실을 알게 되었는데 어떤 생각을 가지고 입사를 했는지도 궁금했다.

마지막으로 나를 강조할 수 있는 부분들도 정리했다. D사의 제품을 직접 사용해 보며 내가 서비스에서 느낀 것들을 정리해 보았고, 그리고 이것들을 바탕으로 나를 어떻게 어필할 수 있을지 정리했다. 그 내용은 다음과 같다.

내가 강조할 수 있는 것

1. e-commerce 경험이 있다.
   - 생산, 유통, 판매, 배송, CS까지 모든 것을 경험해 보았다.
2. 운동에 관심이 많다.
   - 청소년기에 고도 비만일 정도로 뚱뚱했는데, 충격적인 사건을 겪고 다이어트를 시작해 지금은 건강한 몸을 유지하고 있다.
   - 서울에 올라와 실제로 6kg을 빼게 된 계기(꾸준함의 중요성, 노력의 중요성, 건강한 식습관의 중요성)
   - 실제로 비용을 지불하며 noom 서비스를 이용해 보았다.
   - 건강한 몸의 중요성과 가치를 잘 알고 있어서 서비스에 많은 공감이 간다.
   - 현재 철인3종경기, 헬스 등을 꾸준히 해오면서 몸을 관리하고 있다.
3. 창업을 하면서, 그리고 회사를 다니면서 웹/앱 서비스에 대한 이해가 생겼다.
4. 많은 사람들을 만나면서 고객지향적이 되었다.
5. 자기주도적으로 일하는 것을 좋아한다.
   - 끊임없이 성장에 대해 갈망하고, 기술로서 세상을 이롭게 하고 싶다.
   - 기술에 대해 관심이 많고 빨리빨리 잘 배운다(학습능력이 뛰어나다).

그럼, 과연 나는 면접을 잘 보았을까? 나는 회사에서 묻는 질문에 준비한 대로 답변을 했고, 또 내가 궁금한 점들을 가감없이 물어보았다. 그리고 내가 강조할 수 있는 부분들도 최대한 어필했다. 마지막으로 회사에서 찾는 경력개발자는 아니지만 나의 강점들을 잘 결합하면 회사에 큰 시너지를 낼 수 있을 것이라는 점을 강조했다.

열심히 준비했던 만큼 면접을 보았던 1시간이 전혀 길게 느껴지지 않았다. 오히려 면접을 통해 회사에 대해 더 잘 알 수 있었고, 이 회사에서 꼭 일을 하고 싶었다. 나의 간절함이 통했던지 나는 합격을 했고, 개발자로 일을 시작할 수 있었다.

면접을 준비할 때 구글링을 조금만 해보면 다양한 면접준비 방법들을 찾을 수 있다. 그리고 면접의 기회가 주어진다면 '면접은 회사가 나를 보는 자리임과 동시에, 내가 회사를 보는 자리'라는 점을 기억하여 회사에 대해 궁금한 질문도 준비해 가기를 추천한다.

PART 4

개발자로 일하고

있습니다

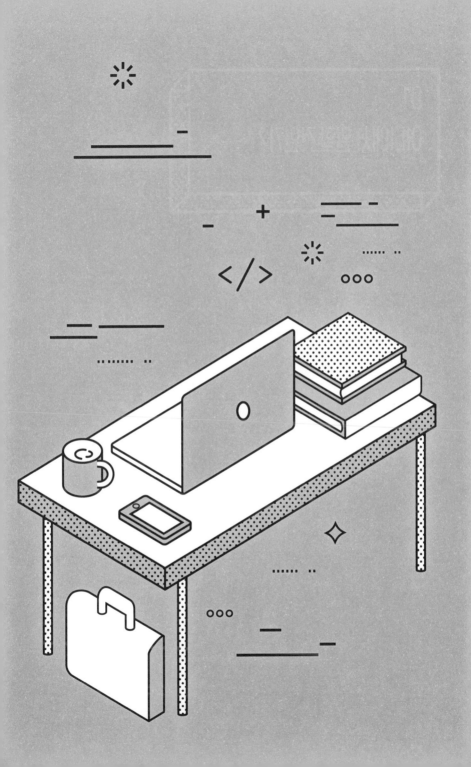

01
어디에서 일할 것인가?

SI 업계 개발자

개발자로 취업할 수 있는 곳은 SI업계와 대기업, 스타트업, 그리고 직접 창업까지 다양한 형태가 존재한다. 그런데 인터넷에 검색해 보면 'SI업계는 피해야 한다' '스타트업은 피해라' 등 근거없는 말들이 난무한다. 반은 맞고 반은 틀린 말이다. 하지만 개발쪽을 잘 모르는 사람들은 이런 말들을 그대로 믿는 경우가 많다. 그래서 이번 Part 4에서는 개발자로 일할 수 있는 다양한 업계부터 개발자로 취업할 때 고려해야 하는 것들에 대해 이야기를 해보려고 한다.

피할 수 없다면 즐겨라

──────────────── 'SI업계는 피해야 한다'는 말은 내가 개발을 시작하며 수없이 들었던 말 중 하나이다. 도대체 SI가 어떤 곳이길래 피하라고 하는 것인지, 그때는 제대로 알 수 없었다. 그냥 그런가 보다 했는데, 개발자가 되어 SI업계에서 일하고 있는 개발자들을 직접 만나보니 단점도 있지만 분명 장점도 많은 곳이었다.

먼저 SI란 System Integration의 줄임말이다. 영어를 그대로 번역하면 '시스템 통합'이라는 뜻으로, 기업이 필요로 하는 IT 전반의 통합시스템을 개발하는 것이라고 보면 된다. 통합시스템을 개발한다는 것은 하나의 서비스 전체를 개발하는 것으로, 기획에서부터 개발, 구축 및 운영까지 하는 것이다. 보통 일반적인 회사에서 IT시스템을 운영하는 경우 서비스를 개발해서 운영하고 마케팅하고 개선하여 추가 개발하는 사이클이 지속적으로 돌아가는데, SI회사에서는 서비스를 '개발'하는 업무까지만 한다.

보통 개발자(개발부서)가 없는 회사에서는 '외주를 준다'고 하는데, 이 말은 회사에서 개발자를 뽑아 직접 만드는 것보다 서비스 개발을 다른 회사에 맡기겠다는 의미이다. 그리고 이런 업무를 직접적으로 맡아 하는 곳이 SI회사로, 클라이언트가 만들고자 하는 서비스를 빠르게 그리고 정확하게 만들어 전달하고, 또 새로운 클라이언트와 만나 새로운 서비스를 만들어 전달하는 업무를 지속적으로 하는 곳이다.

그런데 SI업계에 어떤 문제가 있길래 SI업계를 피하라고 하는 것일까? 개발자들이 SI를 선호하지 않는 가장 큰 이유는 대부분 '일정(기한)' 때문이다. 보통 외주회사에서는 새로운 서비스를 개발하는데 2개월이라는 시간이 주어진다면 기획부터 개발까지 2개월 안에 끝내서 전달하면 된다. 여기까지는 매우 합리적인, 그리고 일반적인 회사에서 이루어지는 서비스 개발업무와 다르지 않다. 하지만 대부분의 외주회사들이 그렇듯 회사 입장에서는 가급적 더 많은 외주를 받는 것이 좋다. 그렇다 보니 2개, 3개의 프로젝트를 동시에 진행해야 하는 상황이 자주 발생한다. 하나를 다 마무리하기 전에 새로운 프로젝트가 또 시작되는데, 각각의 프로젝트들이 모두 고객이 요구하는 기한이 있다 보니 그 기한에 맞춰 온 힘을 쏟아야 한다. 결국 개발자들은 납기에 맞추기 위해 야근이 잦아지고, 코드의 품질까지 신경 쓸 겨를이 없어진다. 이처럼 지금 당장의 서비스를 만드는 것에만 중점을 두다 보니 향후 서비스를 운영하면서 확장하여 발전시켜 나갈 수 있는 구조까지 생각하기 어렵고, 매번 마감일정에 쫓겨 개발을 하게 되는 일상이 반복되니 많은 개발자들이 SI업계를 피하라고 이야기하는 것이다.

하지만 이는 극단적인 예이기도 하다. 최근에는 SI업계의 근무환경도 많이 좋아져 여러 개의 프로젝트를 동시에 진행하는 경우는 드문 편이다. 그렇다 보니 오히려 이런 단점이 개발자의 입장에서는 다양한 분야의 개발을 진행하며 자신의 실력을 키울 수 있는 장점이 되기도 한다. 다양한 분야의 서비스를 만들어 보고 싶다면 SI업계는 많은 경험을 쌓을 수 있는 곳이기도 하다.

현재 SI업계에서 일을 하고 있는 개발자도 이런 부분을 강조하고 있다.

"저는 서비스를 직접 개발·운영하는 회사에 다니다 SI업계로 이직을 했습니다. 지금의 회사에서는 외주로 받은 대규모 프로젝트가 많이 있어서 여러 가지 다양한 서비스를 마음껏 개발해 볼 수 있다는 장점이 있습니다. 과거 회사에서는 하나의 서비스를 지속적으로 발전시켜 나가야 했다면, SI에서는 다양한 서비스들을 개발하다 보니 실력이 많이 늘고 있다는 생각이 듭니다.

반면에 주어지는 작업일정이 빡빡하여 성능들을 고려하여 좀 더 잘 개발하고 싶지만 그러지 못하다는 단점이 있습니다. 또한 과거 서비스를 직접 운영할 때는 사용자의 니즈를 바로 파악하여 개선하기 위해 노력했으나, 현재 회사에서는 개발 요구사항이 대부분 정해져 내려오다 보니 디테일한 사항들까지 고민할 여지가 없어 아쉽기도 합니다.

다양하게 마음껏 개발을 해보면서 단기간에 실력을 쌓고 싶다면 SI업계를 추천하고 싶습니다. SI업계가 좋지 못하다는 이야기가 나오는 것도 결국 case by case입니다. 본인이 어떤 목적을 가지고 회사에 가는지에 따라 SI업계 역시 나쁘지 않은 선택지가 될 수 있습니다."

대기업 개발자

    일반적으로 대기업이라고 하면 삼성, LG 등을 떠올릴 것이다. 이런 대기업의 경우 규모가 크다 보니 전체 그룹사의 IT 개발 및 운영을 전담하는 삼성SDS 혹은 LG CNS 등의 개발회사를 따로 설립하기도 하며, 각 계열사마다 자체적으로 IT시스템을 운영하고 관리하는 사내 개발팀을 따로 두기도 한다. 이처럼 대기업 개발자들의 경우 대부분 규모가 큰 분야의 개발업무를 맡게 되고, 여러 사람들이 나누어 개발을 진행하다 보니 개발할 수 있는 범위는 좁지만 오랜 기간에 걸쳐 깊이 있게 개발해 볼 수 있다.

    대기업 개발자의 경우는 아무래도 복지와 근무환경이 좋고 급여조건이 좋은 것이 큰 장점일 것이다. 나의 경우는 대기업을 경험하지 않았기 때문에 현재 대기업에서 근무 중인 3년 차 개발자와 인터뷰를 해보았다.

1 **일반 기업과 비교해 봤을 때 대기업 개발자의 장점과 특이점은 어떤 게 있을까요?**

일반 기업은 경험이 없어서 잘 모르기 때문에 단순히 대기업에 재직하면서 느낀 점을 말씀드리겠습니다. 회사 규모가 큰만큼 시스템의 규모도 크기 때문에 역할이 상당히 세분화되어 있습니다. 그렇다 보니 자체적으로 개발한 커뮤니티(질의응답, 위키페이지 등) 시스템이 잘 갖추어져 있습니다. 또한 업무의 스펙트럼이 매우 넓어 생각보다 다양한 일을 해볼 수 있습니다. 다만 규모가 크다 보니 각 팀 또는 부서마다 업무강도, 출퇴근시간, 개발문화 등의 차이가 심한 편입니다.

대기업이다 보니 교육 프로그램, 해외 지역전문가 프로그램 등 다양한 자기계발의 기회가 있습니다. 그리고 협력업체에게 일정 부분 외주를 맡기며 관리하고 매니징하는 기회가 있다 보니 관리업무에 대한 스킬을 익힐 수 있습니다. 또 수십억 유저의 대형 트래픽을 처리하는 시스템을 파악하고 개발에 참여할 수 있는 기회가 있습니다.

2 **대기업 개발자는 실제 개발보다는 관리업무가 상대적으로 많다고 하던데 정말 그런가요? (보고서나 서류작업이 많다는 이야기가 있어서)**

우선 저는 서류작업 및 관리보다는 실제 개발업무를 위주로 하고 있습니다. 프로젝트에 따라 내부에서 직접 개발하는 부분도 있고, 팀 내 인력으로 부족할 경우 협력업체에게 아웃소싱을 맡기는 부분도 있습니다. 협력업체에 아웃소싱을 맡기는 경우에도 틀에 박힌 형식적인 보고서나 서류작업보다는 비교적 자유롭게 커뮤니케이션이 가능한 환경이 형성되어 있습니다. 하지만 부서가 워낙 다양하기 때문에 부서마다 많이 다를 수 있을 것 같기는 합니다.

3 대기업 개발자는 4년제 전공자만 뽑는다는데 그런가요?

함께 일하는 분들은 대부분 4년제 전공자입니다. 그러나 일부 부서에서는 소수이지만 4년제 전공자가 아닌 분들도 재직 중입니다. 그러나 이 경우 직급을 다르게 시작하는 것으로 알고 있습니다.

4 대기업 개발자의 경우 회사에서 새로운 자격증과 시험을 꾸준히 요구한다던데 정말 그런가요?

저희 회사의 알고리즘 테스트의 경우 자격 등급이 여러 단계로 나뉘어져 있고, 각 단계별로 일정 수준의 자격을 획득하는 것을 장려하고 있습니다. 영어의 경우 주기적으로 토스, 오픽 등의 스피킹 점수를 갱신해야 합니다.

5 야근이나 복지에 대한 혜택은 어떤 수준인가요?

큰 장점은 삼시세끼 양질의 식사가 제공된다는 점과 회사 제품을 저렴하게 구매할 수 있다는 점. 그리고 탄력근무제 시행으로 출퇴근시간을 자유롭게 조정할 수 있다는 장점이 있습니다.

6 대기업 개발자를 하면서 가장 큰 단점이라고 생각하는 것은 무엇인가요?

회사의 규모가 크고 업무가 다양하게 나뉘어져 있어 원하는 분야의 업무를 맡지 못할 수 있습니다. 또한 조직개편 등의 변화가 있는 경우 진행하던 프로젝트가 갑자기 변경될 수 있습니다. 또 보안환경이 엄격해서 개발환경 설정에서 번거롭거나 제한되는 상황이 많습니다.

7 어떤 분들에게 대기업 개발자를 추천해 주고 싶나요? 그리고 마지막 한마디!

숲을 보는 것을 좋아하고 그런 능력을 키우고 싶은 분이거나, 개발뿐 아니라 비즈니스 전반에 관심이 많은 분들에게 추천하고 싶습니다. 각 팀 또는 부서마다 차이가 많기 때문에 본인이 원하는 커리어에 맞는 업무를 맡기 위해서는 그만큼 레퍼런스와 의지를 피력해야 합니다.

스타트업 개발자

스타트업계는 현재 내가 속해 있는 업계이기도 하다. 먼저 스타트업에 대해 정의를 내리는 것이 좋을 것 같은데, 신기술과 아이디어를 바탕으로 이제 막 시작한 회사나 어느 정도 고객들에게 인지도를 얻고 있음에도 대기업이라고 부르지 않는 유명한 회사들을 모두 스타트업이라고 보면 될 듯하다. 따라서 스타트업이라는 명칭보다는 구성원들의 숫자로 나누는 것이 합리적으로 생각된다. 10명 이하의 극초반 스타트업부터 어느 정도 서비스가 자리 잡혀가는 10~50명 규모, 50~100명 규모, 그리고 100~500명 규모, 그 이상까지 다섯 가지 정도로 나누어 생각하면 될 듯하다. 그럼, 각각의 규모에 따른 개발자의 업무에 대해 구분해 보자.

내가 성장할 수 있는 곳을
골라라

──────────── 먼저 10명 이하의 극초반 스타트업의 경우는 신입개발자를 거의 뽑지 않는다. 왜냐하면 어느 정도 경력이 있는 개발자를 모셔와 하나부터 열까지 모두 신경 쓰며 개발해 주기를 바라기 때문이다. 하지만 이런 작은 규모의 경우 대표가 유명하거나 또는 투자를 받은 회사가 아니라면 경력개발자를 뽑기도 쉽지 않다. 물론 아이템의 가능성 등을 보고 다시 한 번 점핑하기 위해 새로운 시도를 하는 경력개발자가 있을 수는 있다. 이 정도 규모는 신입개발자를 잘 뽑지도 않겠지만 가급적 피하는 것이 좋다. 앞에서 이끌어 줄 사수도 없고, 회사의 미래 역시 어떻게 될지 알 수 없기에 자칫하면 경력까지 끊길 수 있다.

다음으로는 10~50명 규모의 스타트업이다. 이 정도 규모의 스타트업이라면 어느 정도 잘 성장하여 자리 잡았다고 볼 수 있다. 이 정도 규모라면 적게는 5명에서부터 많게는 10명 정도로 개발팀이 구성된다. 이런 팀에서 신입개발자로 일할 수 있다면 많은 것을 배울 수 있다. 다만 아직까지는 회사의 규모가 크지 않기 때문에 핵심 아이템이 좋은지, 투자를 받았는지 등을 사전에 꼼꼼하게 알아볼 필요가 있다.

50~100명 규모의 스타트업이라면 주변에서 많은 사람들이

사용하는 서비스이면서 동시에 업계에서 인정도 받고 있는 회사일 것이다. 개발팀 역시 최소 10~30명 정도이고, 각 개발분야에서도 2명 이상씩 팀을 갖추고 있다. 이 말은 개발에 대해 함께 의논하고 상의할 수 있는 사람이 있다는 것이니 이런 곳에 들어갈수 있다면 충분히 성장할 수 있을 것이다.

그 이상의 규모는 스타트업과 중견기업, 대기업 사이를 왔다갔다 하게 된다. 이때부터는 회사가 어떤 서비스를 하는지에 따라 내가 얼마나 주도적으로 일을 할 수 있는지 결정될 수 있다. 회사가 작고 사용자가 많지 않을 때에는 다양한 시도를 통해 확장을 위해 노력하지만, 규모가 커지고 사용자가 많아지게 되면 서비스의 안정성을 먼저 생각하기 때문에 다양한 시도를 하기가어려워진다. 보통 이 정도 규모의 회사는 각 회사마다 개발 블로그를 따로 운영하는 경우가 많고, 커뮤니티에서 현직자들의 이야기를 많이 들을 수 있으니 참고하기 바란다.

고객이 바로 눈앞에 있는 곳

────────────── 스타트업에서 일을 한다는 것은 매우 재미있는 경험이다. 고객과 바로 마주하고 있고, 내가 만든 것

들을 고객들이 바로 사용하고, 피드백도 빨리 받을 수 있다. 내가 새롭게 만든 기능을 사람들이 이용하고, 또 좋든 나쁘든 피드백을 준다는 것은 개발자에게 좋은 활력소가 된다. 다만 오랫동안 운영하며 검증받은 서비스가 아니다 보니 문제가 발생할 수 있는 부분들도 그만큼 많고, 그런 것들을 하나하나 대응하다 보면 스트레스도 많이 받겠지만 그만큼 보람도 클 것이다.

이런 점에서 본인이 좀 더 서비스적인 관점에서 개발을 해보고 싶다면 스타트업에서 일하는 것을 추천하고 싶다. 실제로 중견기업에서 일을 하다 스타트업으로 이직한 개발자도 이런 부분을 강조하고 있다.

"저는 운이 좋은 편이어서 100명이 넘는 중견기업에서도 일을 해보았고, 중간 규모의 회사에서도 일을 해보았습니다. 현재는 개발자가 10명 정도 있는 스타트업에서 개발을 하고 있습니다. 많은 사람들이 이름 있고 안정적인 직장에서 이직한 이유에 대해 많이 물어봅니다. 제가 회사를 옮기게 된 가장 큰 이유는 이미 구축된 인프라와 코드들에서 유지보수 위주로 업무를 하다 보니 정체된 느낌이 많이 들었기 때문입니다. 스타트업에서 일을 하게 되면 아무래도 인프라 구축부터 새로운 시도들을 많이 할 수 있겠다는 생각에 새롭게 도전한다는 각오로 회사를 옮겼습니다.

큰 회사의 장점은 새로운 기술들을 많이 접할 수 있고, 코드들이 많이 정리되어 있다 보니 보고 배울 수 있는 기회들이 많습니다. 그에 비해 단점은 이미 구축되어 있는 인프라와 코드들이 주를 이루고 있어서 새롭게 무언가를 해보려는 시도들을 하기가 어렵습니다. 그렇다 보니 경력 많은 개발자에게만 인프라 설정 권한이 주어지고, 주니어 개발자는 유지보수만 하는 경우가 많습니다. 그에 비해 지금의 스타트업에서는 하고 싶은 것들을 마음껏 개발할 수 있도록 자유로운 분위기를 만들어 주다 보니 무언가를 계속 개발하고 싶다는 엔돌핀이 쑥쑥 나옵니다. 단점이라면 자유로운 만큼 개개인의 선택에 부담이 큰 편입니다. 그리고 정해진 게 없다 보니 하나의 기술을 도입할 때에도 깊이 있게 분석해서 리스크를 최소화하여 스스로 책임지며 개발해야 하는 부담감이 있습니다. 또 한 명 한 명이 처리해야 하는 업무 비중이 거의 프로젝트 단위라서 시간에 쫓기면서 개발해야 하는 부담감도 있습니다. 하지만 결국 저의 성장을 위해서는 올바른 선택이었다고 생각합니다."

나 역시도 스타트업에서 일하고 있지만, 회사마다 개발환경이나 분위기가 다르고, 스타트업의 규모에 따라서도 차이가 많은 편이다. 인원이 한정적이다 보니 회사에서 운영하는 여러 가지 서비스에서 어떤 업무를 맡는지에 따라서도 만족도는 큰 차이를 보일 수 있다. 그렇기에 주위에서 말하는 스타트업에 대한 환상을 버리고, 본인이 가고자 하는 회사에 대해 좀 더 객관적으로 분석할 필요가 있다. 하지만 분명한 것은 스타트업에서 일하며 내가 만든 서비스를 고객들이 바로바로 사용하고 피드백을 통해 개선해 나가는 경험은 개발자로서의 성장에 큰 도움이 될 것이다.

창업

내가 원하는 것을

직접 만든다

———————————— 개발자로 회사에 취직하는 것이 아니라 내가 직접 프로그램(서비스)을 만들어 운영해 나갈 수도 있다. 회사에서의 안정적인 월급을 포기하고, 프리랜서로 일을 하면서 생활비를 벌며 내 아이디어를 세상에 펼치는 것이다. 그 과정에서 고객을 직접 만나 생생한 의견을 듣고, 고객이 요구하는 사항들을 직접 추가하면서 프로그램을 만들 수 있다. 본인이 직접 프로그램을 만들 수 있다는 것은 개발자의 큰 장점이기도 한데, 프로그램을 만들기 위해 굳이 외주업체를 이용하지 않고 내 시간만

투입하면 되기 때문이다.

회사에서 개발자로 일하다 영단어 관련 앱을 개발해 운영하고 있는 개발자 대표에게 회사에 다닐 때와 현재와의 차이점에 대해 들어보았다.

"회사를 나와 내 아이디어를 가지고 창업할 때의 장점은 남이 시켜서 하는 것이 아니라 가슴 뛰는 내 일을 할 수 있다는 점입니다. 과거에는 내가 하기 싫은 개발도 어쩔 수 없이 해야 했다면, 지금은 내가 하고 싶은 분야의 어플을 만들며 개발자의 관점에서 벗어나 이 서비스를 사용하는 사용자들의 관점에서 듣고 개선하기 위해 노력합니다. 또한 창업을 해보니 단순히 개발자의 입장에서만 봤던 회사의 업무가 다른 분야와 어떻게 연계되는지 몸소 느낄 수 있어서 (직접 개발, CS, 마케팅을 해야 하므로) 다른 프리랜서와 협업시 큰 도움이 되었습니다.

혼자 일할 때의 단점이라면 내가 멈추면 회사가 바로 멈추기 때문에 하고 싶은 일만 온전히 할 수 없습니다. 긍정적인 미래의 가능성이 생겼지만, 부정적인 미래 또한 공존합니다. 그래서 돈이 되는 일이라면 아르바이트 개발도 해야 하고, 영업도 꾸준히 해야 합니다. 그렇다 보니 심리적 압박감도 매우 크고, 꼬박꼬박 나오던 월급이 가끔 그리워지기도 합니다. 하지만 빚을 지지 않고 사업을 할 수 있다면 자기 시간만을 투자하면 되기 때문에 큰 리스크가 없으니 충분히 도전해 보기를 추천합니다."

나도 소프트웨어 창업을 꿈꾸면서 개발자를 시작했기 때문에 항상 창업에 대한 고민을 하고 있다. 하지만 본인이 개발을 배웠다고 해서 바로 창업에 뛰어드는 것보다는 개발자로서 실제 운영되는 서비스를 꼭 경험해 보고 시작하는 것을 추천한다. 왜냐하면 혼자서 개발을 배울 때 만들었던 프로그램과 현업에서 실제로 운영되는 프로그램은 그 기초부터, 그리고 안에서 돌아가는 로직들까지 차이가 많이 난다. 현장에서 그런 것들을 직접 보고 개발하면서 많은 경험과 실력을 쌓은 후에 창업하는 것을 추천하고 싶다.

02
회사를 고를 때 고려해야 할 요소들

연봉

많은 사람들이 개발자로 취직하려는 이유 중 하나로 높은 연봉을 꼽는다. 그만큼 연봉은 우리가 일을 하는 데 있어 매우 중요한 요소이다. 최근 들어 '개발자 초봉 5,000만원 시대'라는 기사들이 많이 눈에 띄는데, 현실은 전혀 그렇지 않다. 특히 비전공자가 개발 공부를 시작하여 개발자로 취업하는 것도 쉽지 않은데, 처음부터 연봉 5,000만원의 개발자가 되기는 더더욱 쉽지 않다.

그렇지만 이 금액이 꼭 불가능한 것도 아니다. 전체적으로 개발자의 평균 몸값이 올라가고 있는 것도 사실이고, 회사마다 좋은 개발자를 뽑기 위해 높은 연봉을 제시하고 있다. 이런 점에서 단순히 높은 연봉만 보고 개발자를 꿈꾼다면 후회할 수도 있겠지만, 높은 연봉을 꿈꾸며 개발자를 해보고 싶다면 나는 해봐야 한다고 말하고 싶다. 아무튼 개발분야만큼 본인의 실력대로 정확히 평가받으며 연봉을 올릴 수 있는 곳이 많지는 않다고 생각하기 때문이다(하지만 반대로 실력을 인정받기 위해 끊임없이 노력해야 한다는 말이기도 하다).

일반적으로 신입개발자의 초봉은 2,400~3,500만원 정도로 형성된다. 대기업과 규모가 큰 스타트업의 경우 초봉을 4,000~5,000만원 이상 받는다고 하지만 흔하지는 않다.

회사의 연봉은 대부분 그 회사의 규정에 따라 정해진다. 물론 본인이 특출나게 개발을 잘하면 그 규정을 뛰어넘을 수도 있겠지만, 학교에서 컴퓨터공학을 전공하지도 않고 비전공자로 짧은 시간 동안 공부하여 또는 다른 분야에서 개발분야로 옮기는 경우에는 그러기가 쉽지 않을 것이다. 따라서 처음 연봉이 낮다고 해서 일희일비하며 좌절하지 말고, 일단은 개발자로 취업해 일을 시작할 수 있다는 것에 감사하며 열심히 일하면 된다.

그리고 1년 동안 열심히 노력하여 많은 성과를 내며 일 잘하는 개발자로 인정받는다면 그때는 나의 실력에 맞춰 연봉 협상을 할 수 있다. 이런 점에서 볼 때 비전공자의 경우 초봉보다는 1년 뒤의 연봉이 진정한 연봉이라고 볼 수 있을 것이다. 1년 동안 내가 한 실적들을 바탕으로 연봉을 새롭게 책정할 수 있기 때문이다.

그리고 이때부터는 본인의 실력에 달렸기에 다른 친구들보다 연봉이 적게 입사했어도 1년, 2년만 지나면 충분히 만회할 수 있다.

　연봉은 결국 본인의 실력만큼 받는 것이다. 그럼에도 불구하고 당신이 개발자를 목표로 할 때 가장 우선시 하는 것이 연봉이라면, 본인만의 최소 연봉 기준을 정해놓자. 그리고 그것을 맞추어주는 회사가 있다면 그 회사를 목표로 취업을 준비하면 된다.

사수(선배)

    회사생활을 하면서 연봉 외에 가장 중요한 것을 꼽으라면 아마도 사수(선배)를 꼽는 사람들이 많을 것이다. 업무상 궁금한 부분이 생기면 언제든 물어볼 수 있고, 또 인생 선배로서 삶에 대한 조언을 해줄 수도 있다. 그리고 개발자에게 사수란, 단순히 함께 개발팀에 속해 있는 개발자를 의미하는 것이 아니라 나와 함께 같은 파트를 나누어 맡아 개발을 진행해 나가는 선배이자 동료라고 할 수 있다. 특히 개발자의 경우 연차가 쌓이면 사수의 개념이 모호해지고(꼭 연차가 많다고 해서 빠르게 발전하는 개발분야에서 모든 부분을 더 잘할 수는 없다) 함께 일하는 동료처럼 여겨진다.

    나의 첫 사수는 사수라는 표현보다 함께하는 동료라는 표현을 좋아했는데, 나도 이 말에 백번 공감한다. 서로가 지속적으로 함께하기 위해서는 한 사람이 한 사람에게 계속 의지하는 구조가 아니라 서로 등을 맞댈 수 있도록 성장해야 하기 때문이다. 그리고 그렇게 성장하기까지 누군가의 도움을 받을 수 있다면 더 빠르게 성장할 수 있을 것이다. 그게 바로 사수의 역할이다.

신입개발자에게 사수가 필요한 이유를 꼽으라면 첫 번째가 코드 리뷰를 함께 진행할 수 있다는 점이다(코드 리뷰란 작성한 코드에 대해 다른 사람과 함께 검토하여 이후에 있을 문제에 대해 사전에 방지하는 것을 말한다). 코드 리뷰를 통해 해당 코드가 실제 합쳐지기 전에 검수를 할 수 있고, 이 과정에서 미처 내가 생각지 못한 부분들을 수정할 수 있다. 그리고 사수의 코드를 보면서 코드 리뷰를 진행하게 되면 더 많은 것들을 보고 배울 수 있다. 또한 개발을 하다 보면 간단해 보이는 것에도 다양한 예외 케이스가 있는데, 여러 가지 케이스들을 같이 고민해 보면서 발전시켜 나갈 수 있다. 그렇기에 함께 일할 수 있는 사수가 있다는 것은 굉장히 큰 장점이 된다.

또 사수가 있다면 함께 설계에 대한 리뷰를 해볼 수 있다는 것도 장점이다. 보통 처음에 기초를 잘못 쌓으면 일이 배로 많아지게 된다. 개발도 똑같다. 처음 설계를 어떻게 하는지에 따라 나중에 기능을 추가하거나 유지보수를 하는 데 있어 업무의 비중이 결정된다. 그래서 새로 들어온 사람이 선임자가 만든 코드를 보고 '처음부터 다시 하는 게 빠르겠다'라고 말하는 것도 어느 정도 타당성이 있다. 물론 처음부터 완벽한 설계를 하면 좋겠지만, 처음에는 없었던 스펙이 새로 추가되기도 하고, 당시에는 개발자 본인이 최선이라고 생각해 만들었던 것이(일부러 나쁘게 만드는 개발자는 없다) 시간이 지나면 낡은 설계가 될 수도 있다. 이런 부분을 최대한 막아주는 것이 사수의 역할이다.

나 역시 사수와 함께 설계 리뷰를 진행했다. 대부분 간단하게 PPT 또는 화이트보드에 직접 그려가며 리뷰를 진행했는데, 그 과정에서 많은 설계 수정이 일어났다. 내가 생각하기에 최선이었던 설계가 경험 많은 사수의 눈에는 수정할 곳이 많이 보였고, 추후 확장 가능성까지 고려하여 피드백을 주었다. 이런 과정들을 거치면서 나는 빠르게 성장할 수 있었다.

사수는 또 나의 커리어 로드맵을 짜는 데에도 큰 도움을 주었다. 사수가 걸어왔던 길을 내가 비슷하게 걸어갈 확률이 높고, 꼭 그렇지 않더라도 그동안 경험했던 개발자들의 사례를 통해 내가 앞으로 어떤 개발자가 되어야 하는지에 대한 조언도 해주었다. 그 과정에서 다양한 개발자들의 이야기를 들을 수 있었고, 내가 어떤 개발자가 되고 싶은지도 생각해 볼 수 있었다.

그리고 무수히 냈던 에러들에 대해 '그럴 수도 있다'면서 아무렇지 않게(물론 혼은 났지만) 처리해 주어 큰 힘이 되기도 했다. 함께 코드 리뷰를 거친 코드가 실제 운영되었을 때 문제가 있다면 그 리뷰에 참여했던 모든 사람들의 잘못이기 때문이다. 특히 실무에서는 실제 운영되고 있는 서비스를 멈추지 않고 바퀴를 갈아 끼우면서 수리하다 보면 예상보다 훨씬 더 많은 에러가 발생하고, 그때마다 멘탈이 무너져 내린다. 이때 이런 문제들을 함께 공유할 사람이 있다는 것은 정말 큰 힘이 된다.

이처럼 사수가 있다면 많은 장점이 있지만, 실무에서는 사수에게 의지하는 부분들을 점차 줄여나가야 한다. 조금 더 꼼꼼히 봐야 할 부분들도 '내가 놓친 부분들을 코드 리뷰 또는 설계 리뷰에서 잡아주지 않을까?'라는 안일한 생각이 나의 성장을 방해하기 때문이다. 시간이 갈수록 책임감을 나누어 짊어지면서, 혼자서 더 도전하는 모습을 보여주는 것을 사수도 기대하고 있을 것이다.

그럼에도 불구하고 최고의 사수와 함께할 수 있다면 개발자에게는 정말 행운이다. '회사가 좋고 나쁨은 사수로 인해서 결정된다'는 《미생》에서 본 명대사가 기억난다.

개발문화

    많은 회사들이 좋은 개발자와 함께하기 위해 회사의 개발문화에 대해 강조한다. 그럼, 개발자로서 개발팀에 속해 누릴 수 있는 또는 기대할 수 있는 개발문화는 어떤 것들이 있을까? 여기에서는 개발자들은 어떤 개발문화를 원하는지, 또 개발자들이 기대하는 좋은 개발문화는 어떤 것들이 있는지 이야기해 보고자 한다.

    먼저 코드 리뷰에 대한 회사의 마인드이다. 개발자들이 서로 작성한 코드에 대해 피드백을 주면서 혹시라도 있을 문제 상황에 함께 대비하고, 또 다른 사람의 코드를 보면서 배울 수 있는 기회를 제공해 주는 것이다. 단순하게 '코드 리뷰를 하면 좋지 않냐?' 라고 생각할 수 있지만 코드 리뷰에는 생각보다 많은 시간과 에

너지가 들어간다. 무엇보다 시간이 많이 투입되는 작업이다 보니 시간적 여유가 없는 스타트업에서는 도입하기가 쉽지 않다. 서비스를 개발하고 운영하는 등 당장 회사의 생존이 급한데, 코드 리뷰나 설계 리뷰까지 진행하면서 개발자들의 리소스를 소비하며 코드의 품질까지 신경쓰기는 쉽지 않다. 물론 회사 규모가 어느 정도 커지면 코드 리뷰는 필수로 자리 잡지만, 소규모 회사에서는 그런 것들을 모두 챙기기가 쉽지 않은 것이 현실이다.

그리고 개발 세미나의 유무이다. 개발팀 내에서 관심 있는 주제에 대해 함께 공부하고 공유하는 자리를 가지거나, 본인이 해결한 문제 중에서 잘 해결했다고 생각하는 주제에 대해 발표하는 자리를 가질 수도 있다. 이런 과정을 통해 서버 개발자들은 프론트엔드 쪽에서 쓰는 기술들에 대해 들어볼 수 있고, 다른 팀에서 겪었던 문제를 어떻게 해결했는지에 대해서도 공유할 수 있다. 또한 설계 리뷰 역시 세미나 형태로 개최해 꼭 같은 팀이 아니라도 다른 팀 개발자들의 작업경험을 들어볼 수 있다. 특히 이런 세미나는 누가 시켜서 되는 것이 아니라 자발적인 참여가 이루어져야 하기 때문에 회사의 개발문화로 자리가 잡혀 있어야 개발자들이 편하게 참여할 수 있다.

이것 이외에도 회사에서 개발 블로그를 운영하거나 정기적으로 진행하는 1on1 미팅(팀장급 또는 CTO와 매주 또는 격주로 1:1로 이야기하

PART4_개발자로 일하고 있습니다

며 본인의 문제점에 대해 해결해 가는 시간), 그리고 매주 일정 시간에 모여 티타임을 가지며 현재 개발자 본인이 막혀 있는 문제나 고민들에 대해 편하게 이야기할 수 있는 시간을 가지는 것 등도 모두 개발 문화로 볼 수 있다.

이런 개발문화들이 건강한 개발팀을 만들고, 이런 팀에 속해 있다면 본인 역시 개발을 재미있게 즐길 수 있을 것이다.

워라밸(복지)

요즘은 개발자뿐만 아니라 모든 직장인에게 워라밸은 필수로 다가왔다. 예전에는 높은 연봉과 근무환경, 편의시설, 출산·육아 등이 복지의 기준이었다면 이제는 일과 삶의 조화가 우선시 되는 세상이 되었다.

최근 들어 주 4.5일제 근무를 한다는 회사들이 심심찮게 등장하고 있다. 물론 주 4일을 실시하는 회사도 있지만 찾아보기는 쉽지 않다. 4.5일제 근무는 금요일에 오전근무만 하고 퇴근하거나, 월요병을 극복하기 위해 월요일에 점심 이후에 출근하는 형태이다. 4.5일제 근무제의 회사에 다니는 사람들의 이야기를 들어보면 회사 최고의 복지로 4.5일제를 꼽는다. 단순히 반나절의 시간이 늘어나는 것에서 그치는 것이 아니라 그만큼 회사에 대한 만족도뿐만 아니라 개인의 삶에 대한 만족도 역시 올라가는 게 이런 단축근무제의 큰 장점이 아닐까 싶다.

언택트 시대를 맞아 재택근무나 출퇴근 병행근무를 시행하는 회사도 많이 늘고 있는데, 이를 통해 출퇴근시간을 절약할 수 있다는 점은 큰 장점이다. 그리고 단순히 출퇴근시간만 줄어드는 것이 아니라 그 시간에 받게 되는 스트레스를 피할 수 있는 점 또한 또 다른 장점이다. 물론 재택근무가 무조건적인 장점만 있는 것은 아니지만 그럼에도 불구하고 출퇴근근무와 적절히 병행해 시행한다면 생산성과 업무 만족도 모두를 높일 수 있을 것이다.

자율출퇴근제 역시 근무시간을 나의 라이프사이클에 맞출 수 있다는 점에서 편리한 시스템이다. 본인의 하루 일정에 맞추어 오후에 약속이 있다면 일찍 근무를 시작하거나 또는 몸이 좋지 않다면 출근시간을 늦추는 것 역시 자유롭게 할 수 있기 때문에 내가 나의 삶을 통제한다는 느낌을 가질 수 있다. 휴가를 자유롭게 쓸 수 있거나, 반차(4시간), 반반차(2시간) 등을 쪼개 사용할 수 있는 것 역시 좋은 복지 중 하나이다.

최근에는 개발자들도 가능한 한 야근을 지양하고 있지만, 피치 못하게 야근을 하게 되면 그에 따른 수당을 지급하는 곳이 늘고 있다. 야근수당은 어쩔 수 없이 진행하게 되는 야근에 대한 반감을 줄여주는 효과가 있다. 또 점심이나 저녁 식대를 지원하거나 사내 카페를 운영하는 것도 높은 만족감을 줄 수 있다. IT회사의 경우 번화가에 있어 식대가 비싼 경우가 많은데 식대를 제공해 주는 것만으로도 금전적인 스트레스를 크게 줄여줄 수 있다.

이런 사소한 하나하나의 것들이 개발자들의 만족도를 높이고 개발에 집중할 수 있는 좋은 환경이 될 수 있다.

처음부터 모든 것을 선택할 수는 없다

───────── 지금까지 연봉, 사수, 개발문화, 워라밸(복지)에 대해 이야기했다. 이는 직장인에게 있어 무엇 하나 포기할 수 없는 것들이다. 이런 것들이 모두 보장되는 곳에 취업하면 가장 좋겠지만, 신입개발자가 이 모든 것들을 따져가며 취업을 바란다면 개발자로 일을 시작하지 못할 수도 있다. 그것보다는 본인의 기준에서 가장 중요한 한 가지 우선순위를 정하고, 그것에 충족한 입사 기회가 온다면 반드시 잡기 바란다. 생각보다 신입개발자로서 일을 시작할 수 있는 기회는 쉽게 오지 않는다. 그리고 1년, 2년 경력을 쌓은 뒤에 더 좋은 회사로 옮겨가면 된다. 본인의 실력만 갖추어져 있으면 개발자 이직은 생각보다 쉽다.

저는 개발자로 취업에 성공하며 바로 강의를 시작했습니다. 개발에 대해 많이 알지는 못했지만, 제가 개발을 공부하며 겪었던 시행착오들을 다른 사람들은 겪지 않았으면 하는 마음이 너무 컸기 때문입니다. 그리고 부족하지만 제 강의를 듣고 빠르게 개발자로 취업했다는 메시지를 받을 때마다 그날 하루는 정말 기분이 좋았습니다. 강의는 제가 주변 사람들에게 좋은 영향력을 줄 수 있는 최선의 방법이었습니다.

어느 날 새벽 4시경 잠결에 눈을 떠보니 다음과 같은 메시지가 와 있었습니다.

"안녕하세요. 저는 프론트엔드 개발자가 꿈인 29살의 청년입니다. 저, 엄청 속상한 게 있어서 늦은 시간에 연락드립니다. 제가 나이가 있다 보니 불안해서 빨리 취업을 해야겠다고 생각했습니다. 그렇게 알아보고 간 국비학원에서 당신은 나이가 많고 프론트엔드 개발자는 신입을 안 뽑으니까 퍼블리셔가 먼저 된 후 더 공부를 하여 프론트엔드 개발자가 되는 게 낫다고 권해서, 그렇게 수업을 듣고 있습니다.

그런데 여기 학원에서는 질문을 받아주지 않아요. 오히려 질문을 하면 화를 냅니다. 그래서 다른 학원을 가야 하는지, 그리고 제가 이런 상황에서 개발자가 될 수 있을지 너무 고민이 됩니다."

글을 읽다 잠이 확 달아나 다시 꼼꼼히 읽어보니 남의 일 같지 않고 안타까운 마음이 들어 바로 답을 드렸습니다.

"29살이라는 나이는 절대 많은 것이 아닙니다. 저도 29살에 시작해 6개월 만에 취업에 성공했습니다. 방향만 잘 잡고 공부하면 프론트엔드 개발자로 충분히 빠르게 입문할 수 있습니다. 그러니 그렇게 이야기하는 그 학원은 개발자 취업을 원하시는 질문자님과 맞지 않는 것 같아요. 그만 다니시는 게 좋을 것 같습니다."

강의의 수강생이 늘어날수록 의외로 많은 분들이 비슷한 상황에 대해 질문을 했습니다. 그분들에게 따로따로 답을 주기도 했지만, 이 내용들을 정리해 보면 좋겠다는 생각이 들어 이렇게 책을 출간하게 되었습니다. 저는 이 책을 통해 개발자를 준비하시는 분들에게 '어렵다'와 '불가능하다'는 말에 대해 확실히 답을 해드리고 싶었습니다.

30대 혹은 40대에, 또는 비전공자가 개발 공부를 처음 시작한다는 것은 물론 어려울 수 있습니다. 하지만 그렇다고 불가능하지는 않습니다. 주위를 조금만 둘러봐도 그런 상황들을 극복하고 열심히 공부해 취업에 성공한 사람들이 너무나도 많습니다(심지어 구글에는 눈이 보이지 않는 어려움에도 개발자를 하시는 정말 위대한 분들도 계십니다). 그래서 저는 이 책을 읽는 독자분들이 '어렵다'라는 말을 '할 수 없다'라고 단정 짓지 않기를 바랍니다. 그 어려운 것들을 누군가는 이루어 내었고, 또 우리들 모두 이루어 낼 수 있기 때문입니다.

다만 진정으로 개발자를 목표로 공부를 시작했다면 방향을 제대로 잡고 정말 열심히 노력해서 확실한 결과(개발자로 취업)를 얻었으면 좋겠습니다. 그런 과정들을 통해 '개발자가 되어 행복한 것'이 아니라 '내가 원한다면 언제든 새로운 직업을 가질 수 있구나'라는 자신감을 가질 수 있게 되기를 바랍니다. 내가 계획하고 목표했던 작은 성공들을 쌓아가다 보며 나 스스로에게 신뢰가 생기게 되고, 그럼 조금 더 큰 목표들을 꿈꾸고 이루어갈 수 있지 않을까 생각합니다. 이 책을 통해 그런 자신감이 조금이라도 더 생겼으면 좋겠습니다.

최근에 친구와 이야기를 나누다 마음에 와닿는 말이 있었습니다. 이 문구가 저와 여러분의 삶에 오랫동안 함께하기를 바랍니다.

"이미 우리는 모두 충분히 위대하다.
결국 인생은 본인이 위대하다는 것을 깨달아가는 과정이다."

비전공자를 위한 개발자 취업 입문 개론

오늘부터 개발자

초판 1쇄 발행 · 2021년 11월 20일
초판 7쇄 발행 · 2022년 10월 30일

지은이 · 김병욱
펴낸이 · 백광옥
펴낸곳 · ㈜천그루숲
등 록 · 2016년 8월 24일 제2016-000049호

주소 · (06990) 서울시 동작구 동작대로29길 119
전화 · 0507-1418-0784 | 팩스 · 050-4022-0784 | 카카오톡 · 천그루숲
이메일 · ilove784@gmail.com

기획/마케팅 · 백지수
인쇄 · 예림인쇄   제책 · 예림바인딩

ISBN 979-11-88348-90-9 (13320) 종이책
ISBN 979-11-88348-91-6 (15320) 전자책